WEB SITE
PRESS RELEASE
PUBLICATIONE
SEMINAR

御社の売上が6倍になる！新プロデュース術

Yukihiko Tsuyuki　クロスメディア コンサルティング代表
露木 幸彦

Cross Media Consulting

プロローグ

本書を
執筆するにあたって

■きっかけは1冊の本でした。
〜タダで宣伝できる方法があるなんて〜

きっかけは1冊の本でした。

「マスコミにニュースとして取り上げられれば、お金を一切使わなくても評判がたち、問い合わせが増える」（『成功者の告白 5年間の起業ノウハウを3時間で学べる物語』神田 昌典著 講談社刊　93ページ7〜8行目より抜粋）

脱サラし独立開業した青年が、集客に失敗し資金繰りに困り、最後の手段としてメディア戦略を仕掛けます。その方法が功を奏して経済紙に掲載され、問い合わせが急増し事業が軌道に、というのがこの本の該当箇所です。

「タダで自社を宣伝できるなんて、そんな上手い話があるのか？」

この本を読んだ私は、目を丸くしました。実績も知名度も無い一般人がメディアにアプローチし、取り上げられるなんて……。

当時、私は毎日イライラしていました。

私は就職した会社を3年で退職し、行政書士として独立、事務所を開業。開業からマーケティング本を買い漁り、見よう見まねでメディア戦略を実践しましたが、やることはやり尽くしたにも関わらず、自分の期待するような成果があげられずにいたからです。

開業から7ヶ月目、売り上げが１００万円を超えた後は横ばいを推移し、あと一歩抜け出せず、「いったい何が足りないのか」焦りを感じていた時に、先述した本に出合ったのです。

私はその本を読み終えるや、藁《わら》をも掴む思いでメディア戦略を実行に移しました。

しかし、結果が出るまでに2年もかかるとは、まさか夢にも思っていませんでした。

なぜ、そんなに時間がかかってしまったのか？

広報について、私はズブの素人でした。一般顧客を口説き落とすテクニックは熟知していましたが、メディアにアプローチして取材を受け、掲載まで結びつける方法を全く知りませんでした。ましてや「メディア戦略」「プレスリリース」「パブリシティ」……そんな言葉は聞いたこともありません。


「自分には広報の才能が無い」


それが分かれば、諦めるのは簡単です。

しかし、自分のやっていることが正しいかどうかも分かりません。

それからの私は、暗闇で銃を乱射している状態でした。

「新聞社の支局はハードルが低い」と聞くや、支局の住所を調べて手紙を送る。

「配信はＦＡＸが主流だ」「いやメールだ」という話を耳にすれば、配信業者を探し出し、メディアへのアプローチを委託する。

日常業務の傍ら、毎月1回のプレスリリース（マスコミに流す情報をまとめたもの）配信だけは欠かしませんでした。

しかし、いくら待ってもメディアから連絡はありません。かかってくる電話は広告代理店の営業ばかり。

「芸能人と対談をしてもらいたいんです。有名女性誌に掲載されますよ。値段？　ええ300万円で結構です」

初めのうちは「冗談じゃない」と二つ返事で断わっていたものの、時間が経過するにつれ「メディアに出ている人は皆300万位払っているじゃないか」と弱気になり、

「配信業者は、本当に配信しているのだろうか？　うまいことを言って、本当は何もやってないんじゃないか？」

「差出人の住所が、大磯町だからダメなんじゃないか？　やはり『東京都港区』じゃないと？」

「担当者に届いても、そもそも開封されていないのでは？」

と疑心暗鬼になっていきました。

結果が出ないことに、何か言い訳ばかり言っては引き下がれずにいました。

私には、**「流れてくる情報の良し悪しを判別する能力」**がありませんでした。

とにかく良さそうな噂を聞きつけては、闇雲に手を伸ばしていたのです。

あの本に出会って2年目、ようやく私にも諦め時がきました。驚愕の事実を知ったからです。

私は、「離婚」というジャンルで仕事をしていますが、この分野でマスコミに登場している著名人は、２人います。

この２人のことをよくよく調べてみると、芸能プロダクションに所属していたのです。つまり、**芸能人だった**のです。

芸能人であれば、プロダクションからインタビューや出演の依頼が入ってきます。

「芸能人と素人では、はじめから土俵が違うってことか」

「私の様な無名で実績も無い人間が、メディア戦略なんてお門違いだったんだな」

「何億円もお金は持っていないし、マスコミにコネも無い。そうした人間は相手にされるはずがない」

一連の活動にお金はかけていませんでしたが、膨大な時間を費やしました。

日々の雑務を終えて、夜中の2時にプレスリリースの見直しをすることもありました。

私の努力と情熱が、たった今、無駄になったのです。

私は目の前に置かれた書類の山に、急に怒りの矛先を向けました。

今まで作成してきた、お手製の「メディアリスト」が憎くて仕方がありません。

これをシュレッダーにかけ、機械を蹴り飛ばしました。

「もう2度とプレスリリースなんて書かない」心の中でそう誓いました。

しかし、メディアの神様は私を見捨てていなかったのです。

「あきらめる直前に成功はやってくる」とはよく言ったものです。

私は残務整理を終え、事務所を後にしようとしました。もう夜の10時を回っています。

その瞬間、電話が鳴ったのです。

「こんな時間に失礼だな」「ナンバーディスプレイが『非通知』だし」とぶつぶつ言いながら、受話器をとりました。

「○○新聞の××です。先月送ってもらった離婚のプレスリリースについて是非、詳しいお話をお聞きしたいのですが」

「△△ラジオです。急な話で申し訳ありませんが、来週の月曜、ゲスト出演していただきたいのですが」

私は自分の耳を疑いました。過去2年間、問い合わせは全くのゼロだったのです。

なぜ今日に限って、同時に2件もあるんだ？

つまり、**全部嘘だった**のです。

プレスリリースは届いているし、差出住所が田舎だから開封されない、芸能プロに入っていないから門前払い。そんなことはなかったのです。

私は電話対応を終え、少し安堵した後で急いで書類をひっくり返しました。

今までのプレスリリースと今回のものとは、どこが違うんだ？

単なる確率の問題でないのは明らかでした。今思えば、**採用されない内容**だったのです。

詳しくは本編でお話しますが、中小企業の経営戦略とマスコミ向けのメディア戦略は、考え方自体がそもそも違います。例えば「中小企業はニッチ（隙間）を狙え」と言われます。

しかし、**メディアはニッチな情報を求めていません**。なぜなら、読者がセグメント（属性の分類）されていないからです。一部の読者に向けた記事が、全国紙に掲載されるでしょうか？

対策としては分野を絞るのではなく、**広い分野で切り口を変え、読者の理解度を深めるようなプレスリリースを作成する**のです。

これはあくまで一例ですが、私は偶然にも2年という時間をかけ、これを体得したのです。

この2年間、私が何に悩み苦しみ、それをどのようにして乗り越えて結果を出してきたのか？　そのすべてを本書に記します。

2008年3月

露木幸彦

もくじ

第5章 ただで自社サイトに来てもらう方法〈ホームページ〉

第6章　自分ひとりでデキル！　クロスメディア戦略

装丁　panix
本文図版・組版　横内俊彦

第1章

クロスメディア戦略
とは?

■だから中小企業のメディア戦略は失敗する?
メディア理解度チェック!

本書は、中小企業の経営者または広報担当者に**クロスメディア**（複数のメディア媒体に同時に取り上げてもらうことで相乗効果を発揮する広報戦略）の仕掛け方、方法論を伝授するものですが、あなたが現時点でどのくらいの知識・情報を持っているのかを事前に確認させて頂きたいと思います。

この「**メディア理解度チェック**」は今すぐチャレンジしても構いませんし、本書をすべて読み終わった後に再確認しても構いません。このチェックを受けることで、あなたがどの知識を持っていて、どの知識が足りないのか、本書を読み進める前に把握することができます。

まずは、次の10の質問にそれぞれ○か?　×か?　でお答えください。

その後で、解答・解説をしたいと思います。

図1　メディア理解度チェック

①	メディアは、年商 10 億円以上の大企業しか相手にしない	○ ／ ×
②	東京からわざわざ田舎には、取材は来ない	○ ／ ×
③	芸能プロダクションに入らないと、取材は回ってこない	○ ／ ×
④	素人がメディアに取り上げられるには、お金を払う必要がある	○ ／ ×
⑤	全国紙と地方紙とでは、地方紙の方が掲載され易い	○ ／ ×
⑥	自分のインタビューが新聞に掲載されれば、お客様の目にも止まる	○ ／ ×
⑦	ラジオはもう終わったメディアだから、使えない	○ ／ ×
⑧	ホームページを作成すれば、自然とお客様がやってくる	○ ／ ×
⑨	講演会は、イベント業者から頼まれるものだ	○ ／ ×
⑩	私は作家ではないから、本を出版することはできない	○ ／ ×

1. メディアは、取材対象を売上や業界ポジション順に選んでいる

答え　×　↓詳しくは第2章へ

メディアは、年商10億円以上の大企業しか相手にしない

メディアは、取材対象を売上や業界ポジション順に選んでいません。

なぜなら売上や業界ポジションの順にランクづけされているのなら、私のところに取材が来るはずがないからです。私の会社の年商は、1000万円を超える程度です。中小どころか零細企業の部類に入ります。しかし、取材を受ける中で「それしか売上がないんじゃ、話にならないね」と会社の規模について、メディア関係者から中傷されたことはありません。メディア側としては、取材対象の売上や業界ポジションを事前に把握した上で、取材を申し込んでいるからです。

では、なぜメディアは業界1位や年商10億円の会社社長ではなく、私を選んでいるのでしょうか？　それには、**メディアが何を求め、取材に来るのか**を考えてみる必要があります。

メディアが私たちに求めているのは、**専門家としてのコメント**です。例えば、社内である企画が進んでいても、担当者の文章だけでは成り立ちません。第三者の裏づけがあって初めて、読者に対して説得力を持ちます。

一方、メディアにアプローチする側からいえば、「**いかに実績・経験に裏打ちされたコメントを出すことができるのか**」が重要になります。

あなたが、自社の顧客に「この企画に関係する読者層」を抱えていて、その声を直接吸い上げられる環境にあるのでしたら、現場を知らない年商10億円の社長よりも読者の悩みや問題を解決する糸口、利益になるコメントが出せるはずです。

そのために、まずはお客様1人ひとりの声を集約することです。

2. 東京から、わざわざ田舎には取材は来ない　答え　×　↓詳しくは第2章へ

私の事務所は、神奈川県大磯町にあります。メディア関係の会社が密集する東京の大手町からは、電車で片道約1時間半かかります。もし、東京から取材や打ち合わせに来るとなると、担当者としては丸々半日が潰れます。新聞記者は、1日16時間勤務のハードワーカーです。

「そんな面倒な人間を相手にしていられないから、いくら企画書を送っても相手にされない」と、思われるでしょうか？

私の事務所には、全国紙の本社（東京）から記者の方が取材に来ますし、出版社の編集者も企画の打ち合わせに来ます。なぜでしょうか？

それは私が業界の第1人者であり、私と同じ知識や経験を持ち、顧客を抱えている人間が他にいないからです。私は「これから離婚する人。離婚した人」のリストを約6500人分持っており、いつでも好きな時にアンケートやインタビューに協力してもらうことができます。

メディア側からすれば、離婚問題の取材対象者を探すのは容易ではありません。

この**「情報収集力」がメディアにとってヨダレが出るほどの魅力なのです。**

取材対象が遠隔地という理由で、メディアから差別的な扱いをされることはありません。

ただし、**「わざわざ足を運ぶほどの価値ある情報を持っている」**ことが前提です。

3．芸能プロダクションに入らないと、取材は回ってこない

4．素人がメディアに取り上げられるには、お金を払う必要がある

答え　×　↓詳しくは第2章へ

「芸能プロダクションに入らないと、取材は回ってこない」ということはありません。

私はプロダクションに所属していませんが、毎月2～8件の取材を受けています。

もちろんプロダクションに所属すれば、一定数の取材を回してもらうことができます。私の周りにも芸能プロにお金を払い、メディア関係の仕事を頂いている人がいます。

それは価値観や考え方の問題ですから、肯定も否定もしません。

ただ本書の場合は、**極力お金をかけずに自らが動き、利益を最大化する戦略**を推奨しています。なぜなら、お金を介して仕事を依頼している場合、委任受任の中で不確定な要素、例えば「芸能プロが倒産した」「担当者が辞めてしまった」「お金を横領した」などが出てくると、担当者や取引先との間に信頼関係が構築できなくなるからです。もし、依頼ができなくなった場合、またゼロからのスタートになります。「**お金の切れ目が縁の切れ目**」です。ですから、「どうしたらメディアに露出できるのか」専門家のセミナーや専門書を読んで自分の血肉に変えていった方が、将来のリスクを軽減することができます。

自分の手足でクロスメディア戦略を行うことの一番のメリットは、**担当者との間に信頼関係を構築できる**ことです。人間と人間とが信用し合っていれば、以後は頻繁に連絡を取り合わなくても、相手の方から取材や出演の依頼をしてきます。私の場合、依頼の２割はこのような信頼関係をもとに頂いています。

さらに大事なのは、**ひとりの人間に過度に依存しないこと**です。万が一その人がいなくなったとしても、自分に多大な損害が発生しないようにすることが重要です。

具体的には仕事の発注の場合、毎回毎回同じ人にお願いせずに、常に候補を２、３人は揃えておくことや、新聞社でいえば、同じ部署でも複数の担当者の顔を知っておくことです。

それが**メディア戦略を進める上でのリスク管理**です。

金銭面、依頼の反復性、仕事の継続性という３つの理由を考えますと、まずは社長であるあなた自身が、本書のメディア戦略に取り組むことをお勧めします。

5. 全国紙と地方紙とでは、地方紙の方が掲載され易い

答え × ↓詳しくは第2章へ

私達はメディアに対し、過剰な遠慮と不安を持っています。確かに、テレビ局や新聞社本社のでっかいビルを見れば、恐れおののくのは仕方がないことです。

しかし、本書を最後まで読むことで、この**過剰な遠慮と不安が誤解であった**ことが分かります。

例えば新聞社に、自分のことを掲載してもらうようアプローチをするには、まず「税理士なら税金」「保険代理店なら保険」といった「**自分の専門分野**」の特集を組んでくれる紙面を探し、過去に税金や保険について取り上げたことがある記者を探し出すという訳です。

さて、これに該当する記者は、全国紙・地方紙のどちらにいるのでしょうか？　全国紙とは朝日、産経、日経、毎日、読売の5社。地方紙とは中日、北海道、西日本の準大手3社に加え、東京、神戸、神奈川などの新聞社をいいます。

弱気になっている人間がとる行為は、次のようなものです。

「自分が全国紙に掲載されるなんてお門違いだな。地方紙なら最寄の駅前にビルがあるし、そんなに怖そうじゃないから、なんとかなるんじゃないかな」

この考えをもとに戦略を組んでいくと、うまくいきません。なぜなら、**あなたが取り上**

げてもらえる紙面は地方紙ではなく、全国紙にあるからです。

実は、地方紙では、全国的なニュースを自社で作っていません。各地方の新聞社が共同出資して作った社団法人、共同通信社の記事をそのまま丸写しにしているのです（準大手3社の中には、共同通信を転記していないこともあります）。

ですから、さきほどの例でいえば地方紙でも税金・保険の特集は組まれますが、記事を書いているのは共同通信の記者なのです。地方紙の記者にアプローチしても、全く意味がありません。試しに神奈川、埼玉、千葉それぞれ同日の新聞を見てみるのが良いでしょう。特集記事の体裁が違っても中身は同じです。もちろん全国紙は、自社の記者が特集を担当しています。

ということで、地方紙には地方紙のアプローチ方法があるとしても、本書で紹介する「メディアリストの作成」（65ページ）、「後追いの法則」（45ページ）『「○○と報道されていたが、本当は××だった」手法』（65ページ）は地方紙ではなく、全国紙に掲載されるための手法です。

6. 自分のインタビューが新聞に掲載されれば、お客様の目にも止まる

答え　×　↓詳しくは第2章へ

メディアに対してアプローチの結果、念願叶い、インタビューが新聞に掲載されたとします。

あなたが掲載された記事を読むのは、どこの誰でしょうか？

それは、自社の顧客や見込み客ではなく、偶然その紙面に目を止めた赤の他人です。ご自分に当てはめると分かりやすいでしょう。あなたは毎朝、紙面すべてをくまなく読んでいますか？　そんなことはありませんね。自分の興味にある記事、ページだけに目を通すはずです。
つまり、「よしよし、本当に掲載されているな」と掲載箇所を読むのは「本人」だけです。

「新聞に掲載されれば、電話がじゃんじゃんかかってきて、凄いことになる」

それは、**私たちの勝手な都合**です。現実には、メディアに掲載されても、そのままでは何も起こりません。よって利益にはつながらずに、新聞社から取材料をもらって終わりです。**自社の顧客や見込み客に掲載実績を知らせるには、きちんとした順序立てが必要**です。
本書は、メディアにアプローチして、実績を作るところでは終わりません。その実績を使い回し、メディア戦略にかけた時間や労力を利益という形であなたに還元させます。

7. ラジオはもう終わったメディアだから、使えない

答え　×　↓詳しくは第6章へ

メディア戦略には、いくつかありますが、その中でここ数年「死んだツール」と言われているものがあります。それは**ラジオ**です。

大手広告代理店・電通によると、２００４年、ラジオの広告価値は、インターネットに追い抜かれました（『IT-media』２００５年2月18日号より）。今後、雑誌・ラジオなど旧来の媒体はどんどん衰退していき、表舞台から消えていく。これが世間一般の視点です。

ラジオはもう死んだツールだから、使いものにならないのでしょうか？

大手広告代理店がAと言っているから、あなたもAという行動をするのですか？　もしそのように考えているようでしたらおそらく、あなた以外の99％の人間もAを実践しています。

これでは、ライバルが多すぎて勝てる気がしませんね。

長いものに巻かれている状態では、自分の思うような成果は上げられません。**長いものから脱却することが、本書で一貫している原理原則**です。

ラジオが「死んだツール」を言われていても、それを真に受けずに「本当のところはどうなのか」**自分の手足で行動してみる**のです。実際に使ってみて、結果が出ないのであれば仕方がありません。しかし、結果が出るようでしたら、あなた以外の99％の人間は実践していないのですから、それは儲け物と考えましょう。

本書では大多数とは真逆の方法をとり、私が肌で感じ取った1つひとつを紹介していきます。

ラジオの例でいえば2007年6月、1回のラジオ出演をきっかけに40万円の売上を得ることができました。ラジオ出演の波及効果はおよそ2ヶ月続き、その結果が数字として現れています。これでも、ラジオが「死んだツール」と言えるのでしょうか？

世間一般の考え方は、あまり鵜呑みにしない方が良いでしょう。

8. ホームページを作成すれば、自然とお客様がやってくる

答え　×　↓詳しくは第5章へ

あなたがホームページを作成後そのまま放置しておいても、アクセスはゼロに近い数字のままです。なぜなら、**お客様が一定の確率で訪れるための対策をとっていない**からです。

では、定期的にお客様が訪れ売上が安定的なホームページは、どんなものでしょうか？

仮に、あなたが税理士だとした場合、「税金、相談」というキーワードで検索すると、検索結果の上位に自社のページが表示されることが、望ましいです。

しかし、何の策も講じていない自社サイトの検索順位は、およそ100番目位です。なぜなら、**あなたの競合他社はすでに対策を講じている**からです（ライバル社は2002年頃から取り組んでいて、競争は激化しています）。

実際にパソコンを叩けば分かることですが、現状を歯がゆく思うのでしたら、上位に表示さ

れるように対策を講じれば良いのです。

検索エンジンの検索結果を、自分の思い通り上位に表示される様にすることを、専門的には**SEO**（検索エンジン最適化）といいます。この対策をすれば、ホームページからの問い合わせだけで毎月50万円、１００万円の売上をあげることも夢ではありません。

私の場合、開業当初の自社サイトへの1日のアクセスは、僅か20でした。

そして2年経過した今、「家庭裁判所」のキーワードで4位、「離婚調停」で6位に表示（検索エンジンGoogleの場合　２００７年12月28日現在）されていますが、アクセス（注　クリック数ではなく、訪問者数です）は常時２０００を超えています。

アクセスを１００倍にするのに、それほど時間はかかりません。

あなたにお伝えしたいのは、**一刻も早く対策を講じて**先の例で言う「税金の相談をしたい」人を**自社サイトに呼び込むこと**です。

9．講演会は、イベント業者から頼まれるものだ　答え　×

↓詳しくは第4章へ

本書を手にとっているあなたが、イベント業者から突然講演の依頼をされることは、まず「ない」と言って良いでしょう。依頼があるのは、誰もが知っている著名人、しかも「ネームバリューだけで会場に参加者を集めることができる」という意味の著名人だけです。

そのような、テレビに出ている有名弁護士や国立大学の教授が1000人以上収容できる会場を借り切って、例えばパネルディスカッションのイベントを行う場合、参加者に対して自己紹介や意見を述べることも、ひとつの広報活動といえます。

このような大イベントは、業者が仕切っていますが、業者は会場の手配・集客・司会などの仕事を代行し、参加料の一定割合を報酬として受け取る仕組みです。

もしあなたにイベント業者から声がかからないのでしたら、**業者がやっていることを自分でやれば良い**のです。会場の手配・集客・司会などの仕事は、仕事の質を別にすれば、やる気のある方でしたら実践可能です。

本書の戦略は「イベント業者からどうやって声をかけてもらうのか」ではなく、**自力でセミナーを開催する方法**を推奨しています。

なお、**講演会を開催することのメリット**は大きく2つあります。

◆講演会当日、参加者に対して自社の商品を紹介できる

〈利益の最大化（143ページ）〉

◆講師実績は、メディア関係者に安心感・信頼感を与えることができる

〈講師実績の波及効果（132ページ）〉

10. 私は作家ではないから、本を出版することはできない

答え　×　↓詳しくは第3章へ

本職の作家でなくても、本を出版することは可能です。

私は本書を含め、3回の出版を実現していますが、著者がお金を支払う「自費出版」ではなく、出版社から印税をもらう「商業出版」です。

本を書く人間は日頃、本に囲まれた生活を送っているイメージがありますが、私の場合は出版する前まで400字以上の原稿を書いたことはありませんし、1ヶ月に読む本は1冊あるかないかです。大事なことは、もっと別のところにあります。

では、出版できる人とできない人の差は、どこにあるのでしょうか？

私が考えるのは3つです。

1. 企画書を魅力的に書けるかどうか？

2. 魅力的なプロフィールを書けるかどうか？

3. そもそも魅力的な人間なのかどうか？

この1から3はそれぞれ連携しているため、魅力的な人間であれば、魅力的なプロフィールを書くことができ、出版社に魅力的な企画書を送ることができる、といった具合です。

このあたりをお話しすると「出版はハードルが高くて無理だ」と思われるかもしれません。

しかし、誰彼に対しても魅力的である必要はありません。**本の対象読者に対して魅力的であれば、十分**です。決して難しいことではありません。

魅力的な企画書・プロフィール・人間については、87ページで詳しくお話しします。

この10の質問に答えてみて、結果はいかがでしたでしょうか?

この10のポイントは、本書の目次と連動しています。「×を○と答えてしまった人」は本書の中身を十分に読み込み、その間違いを正して頂きたいと思います。

本書は必ずしも順番に読み進める必要はありません。「メディア理解度チェック」にチャレンジし疑問に思った箇所から優先的に読み、疑問を解決するというスタイルで取り掛かって頂くのもひとつの方法です。

■クロスメディア戦略は、お金も紹介も時間もいらない

中小企業が広報戦略に失敗する理由は、2つあります。ひとつは「**遠慮**」です。しかし、一歩踏み出す勇気があれば解消します。

もうひとつは「**知識のなさ**」です。これは本書からメディア知識を得ることで解消します。

ここ数年で、メディア戦略を取り巻く環境は大きく変わりました。インターネット・携帯サイト・フリーペーパーなどの新鋭媒体が登場し、旧来の媒体（テレビ、ラジオ、雑誌、新聞）の広告価値は減少し、複数媒体を横断するクロスメディアが脚光を浴びることになったのです。

今までは、従業員数人から数十人の零細企業にとって、クロスメディアは手に届かないものでした。その原因は「お金もコネも十分な大企業だけが活用できる」という思い込みからです。

しかし、**中小企業でも、クロスメディア戦略を仕掛けることは可能です。**

中小企業の経営者または広報担当者は、本書を読みクロスメディア戦略を会得することでお金を浪費することなく、またメディアからお金をもらって自社の知名度や信頼度を向上させ、利益を最大化することができます。

私は従業員２人の事務所経営者ですが、単身で２年間メディア戦略を繰り返し実行し、数多くの失敗を積み重ねてきました。お陰で２００７年３月から現在まで毎月２～８回のペースで、コンスタントにメディアに登場しています。

身の丈にあった方法でアイデアをひねり出せば、一定の確率でうまくいく方法があります。読者の方には正しい知識を持ち、最短の時間と手間でクロスメディア戦略を成功させて頂きたいと思います。

本書ではメディアへのアプローチ方法としてプレスリリース（第２章）、出版（第３章）、セミナー（第4章）インターネット（第5章）の4つに分けて解説します。4つのツールはそれぞれ密接に関連していて、同時進行することで相乗効果を発揮します。

これらは、すべて私が実体験してきたものですが、クロスメディア戦略に取り組むにあたり、ひとつだけ必要な資格があります。それは、**毎日仕事に研鑽し、知識や技量の向上に努める人間であること**です。メディアは、読者にとって有益な専門的情報を求めています。**読者の役に立つ専門知識や情報を日々生み出しているかどうか**、自問自答して下さい。

■クロスメディア戦略の原理原則

本書を通じて、一貫している原理原則は次の5つです。もし本書を読み進めるうちに、この原理原則を忘れてしまった場合は、このページに戻って下さい。

◇社長ひとりで実践可能である

日々の仕事の片手間に行うことでも十分です。専属の広報を用意できなくても大丈夫です。

◇広報活動が初体験の方でも、実践可能である

広報活動に初めて取り組む方でも、理解できる構成です。最初に広報ツールについて学び、知識を身につけた上で、ツールをクロス（相互乗り入れ）させる方法を解説していきます。

◇やり方を応用できる

本書は、４つのツールについて解説していますが、今後の技術革新によりツールが変わってしまっても、やり方を応用できます。

◇現状のままで実行できる

大手広告代理店にメディアへのアプローチを委託したり、自身が芸能プロダクションに所属したりする必要はありません。現状のままで実行できる方法です。

◇この戦略の最終目標は「利益の最大化」に置いている

広報活動を進めるうちに、スタンスがぶれることがありますが、本書の目標は、掲載数や評判・社長の満足度ではなく、あくまで利益の最大化です。

■メディア戦略を、誰のために役立てるのか？

私は、失敗を繰り返したからこそたくさんのノウハウを溜め込むことができました。

本書には、私が2年間に渡り、試行錯誤した履歴が詰まっています。

ところで私は、2年間積み上げたノウハウをどのように公開するのか、かなり悩みました。

「2年間の苦労を出版して、印税をもらうだけじゃ割に合わないんじゃないか？」

それ相応の対価を得たいという気持ちは、私も人間ですから持ち合わせていますし、私の中で葛藤があったことは確かです。そうこうしているうちに随分執筆が進み、結局どうしても自分で決めることができず、途中まででき上がった原稿をある人に読んでもらうことにしました。

広報活動を手伝ってくれた、当事務所の従業員です。その答えは次の通りでした。

「多くの人が求めている情報なら、隠し立てせずに公開すべきじゃないですか！」

その言葉が、企画の立ち上げを後押ししてくれました。

さらにもうひとつ、私の背中を押したのは、**最近のメディアの現状**です。

現在メディアでは、その道の専門家でない人が専門家のようにコメントしたり、実務経験のないフリーライターやコラムニストが幅をきかせたりしています。

私は半年に1回のペースで、国会図書館に出向き、新聞は全国紙、地方紙のすべて、雑誌は

8割方、目を通してマスコミ研究をしていますが、その中でいつも怒りを感じていました。

なぜなら、例えば「離婚相談を受けたことのない人が『夫を刺殺した妻のこと』を語る」「企業再生に取り組んだことのない人が『倒産し、離散した家族のこと』を語る」「遺産相続の相談を受けたことのない人が『相続で揉めた挙句、担当弁護士を殺害した事件について』語る」といった記事が目を引いたからです。

なぜ専門家、実務家でないと分かるのでしょうか？

紙面に出た人をパソコンで検索すると、個人または会社のホームページが表示されますが、住所も電話番号も書かれていません。掲載されている連絡先は、Eメールアドレスだけです。

これでは、一般の方は相談することができません。つまり、自分でエンドユーザーを抱えていない人達が、分かりきったようなことを語っていることを表しているのです。

私には、**この業界の現状を少しでも改善したい**という気持ちがあります。

「**メディアにはその道の専門家だけが登場すべきだ**」

「**メディアに溢れる情報の精度を向上させたい**」

と真剣に考えています。ただ、私も例外ではありません。私の専門分野は「離婚」ですが、私も専門外の分野についてコメントを求められることがあります。

しかしそのような打診には、コメントを出さないか、そもそもお断りをしています。なぜなら私が偉そうに語っても、軽々しい言葉しか出てこないからです。

「万が一私が甘い誘いに乗って、当たり障りのないコメントを出したとしたら……」

その問題で真剣に悩む人からすると、不信感を覚えます。やはり、実務経験がある人の言葉は重い。それは身に染みて理解しています。

今、本書を手にとっているあなたはどうでしょうか?

本業に邁進し、専門知識を備えている人でしたら、メディア戦略は半分成功したも同然です。あなたのような本当の専門家がメディアを賑わすことで、情報の精度は向上していきます。

もちろん、メディア戦略が成功して自社の信頼度や知名度が向上し、その結果としてあなたの会社の業績が上がるのは望ましいことです。しかし、私が望むのはそれだけではありません。

一方であなたが持っている専門知識や情報がメディアに掲載され、**読者が抱える悩みや不安を解決する足がかりに**なること。それが私の本望です。

「**求めている人に正しい情報を提供する**」

これがメディア戦略の根本です。

「**目の前の利益だけではなく、誰のために役に立てるのか**」

そのことも頭の片隅に置きながら本書を読み進めて頂けますと、非常に嬉しく思います。

本書を世に出すことで**真の専門家だけがメディアに残ること**を、私は強く望みます。

第2章

ギャラをもらいながら
商品を紹介してもらう方法
〈プレスリリース〉

■素人がメディアに取り上げてもらうには？

まずは、メディア戦略の基本のお話です。私たち素人が、インタビューを受けて新聞に掲載されたり、ラジオ番組に出演したりするにはどうしたら良いのでしょうか？

私たちは、売れっ子の芸能人でもなければ、有名大学の教授でもありません。どこにでもいる一般市民です。ある日突然、新聞記者から「是非、社長の話を伺いたいのですが……」と、取材の依頼を受けることはありません。メディアに登場するには、こちらから積極的にメディア媒体にアプローチする必要があります。『**攻め**』**の戦略**です。

では、具体的に「何を」「いつ」「どんな方法で」仕掛けるのでしょうか？

まずは「何を」ですが、「**あなたが持っている情報をメディア宛に送ること**」です。

情報とは、例えば「新商品を開発した」「会社が10周年だ」「社長が著書を発売した」などですが、それらをまとめたものを『**プレスリリース**』といい、**あなた自身で作成してメディアに送るもの**です。プレスリリースによって、メディアはあなたの存在に気づきます。

発送後、担当者が目を通して興味を持ってもらえれば連絡があり、取材を受け、その内容が読者のためになれば、いよいよメディアに登場できるのです。私の場合、1ヶ月に1回のペースでプレスリリースを作成し、メディアに送っています。これを読んで「毎日の仕事で手一杯で、私には時間的に無理だな……」と思われるかもしれませんが、私は行政書士事務所を経営して1日8時間、日常業務をこなしながら合間に作成してチャンスを待った結果、**毎月2～6件の取材**を受けています。まずは**行動する勇気**です。何よりもここから始まるのです。

■メディア戦略に取り組む前に知っておくこと

いざ、プレスリリースを送る前に、業界の常識と状況を知っておく必要があります。特別な専門用語を覚える必要はありません。最低限の知識だけです。しかしその有無で、結果が大きく変わります。メディア戦略は成功すれば成果は100、失敗すればゼロという世界です。

ところで、業界の常識とは「**プレスリリースは、許可なく送りつけても大丈夫**」というものです。仮に日常生活で、知らない人に手紙を送りつけたとしたら、とても失礼なことです。その手紙を受け取った方は「誰だ、こいつは？」とあなたのことを不快に思うでしょう。

ただ、メディア業界の場合「無断で送りつけること」は非常識ではありません。**メディアは一般読者や専門家からの情報提供で成り立っている**からです。メディア内では一人ひとりが、膨大な仕事量をこなしています。新聞社の場合、ひとりで朝刊・夕刊・大衆紙・週刊誌などを掛け持って取材していることがあり、ラジオの場合、放送中の進行は別として、事前の準備・内容の作りこみは実質2人で行い、3日連続徹夜（3テツ）も、平気で行われています。そのため、一人ひとりは幅広い知識を持っているかもしれませんが、ひとつの問題について費やす時間は限られています。例えば、私の知っている全国紙の記者は、北朝鮮の拉致問題・無戸籍チルドレン・違法派遣問題を同時進行で取材していました。現実に、記者は自分で勉強したくても時間が作れないのです。かといって新聞紙面の質を落とすわけにもいきません。

　では記者は、どうやって不足する知識・情報を手に入れているのでしょうか？

　それがプレスリリースです。多くの記者は、自分の知識不足をプレスリリースから手に入れていて、プレスリリースは**貴重な取材源**です。そのことを理解するまで、私は失敗の連続でした。ここでは「メディア戦略はプレスリリースを送る側、送られる側の状況を察知しておかないとうまくいかない」というエピソードです。

　2005年11月、私はプレスリリースを作成・配信し、3日後に九州の新聞社から電話を頂きましたが、相手の対応は予想外でした。非常に無愛想で、低い声。聞き耳を立てないと聞き取れないほどでとても怖そうな話し方だったため、私は受話器を片手に手が震えました。私は駆け足で「突然送りつけてしまい申し訳ありません。たいした内容ではないので、破棄して下さい」と投げやりに話をし、一方的に電話を切ってしまいました。プレスリリースを送り、担当者に興味を持ってもらうまでは成功しましたが、取材に結びつけることができませんでした。

今思えば、強面でぶっきらぼうな感じの人は新聞社の偉い方に多い様ですが、当時はそんなことすら分かりませんでした。

２００７年9月、また新聞社から電話がありました。相手は某大手経済紙の編集委員（社説を書く立場にあり一般記者より立場が強い）です。彼は、非常に低い声で「3日後が締め切りの特集について取材したい」と私にまくし立てました。少し無理な日程でしたが、スケジュールを調整して電話取材を応諾し、プレスリリースの補足説明をしました。取材を受けることに成功です。その結果、私のコメントが有名弁護士と並び、紙面を飾ることになりました。

初めて取り組む人にお伝えしたいのは、**メディアに対し過剰に遠慮する必要はない**ことです。メディアがプレスリリースの差出人に連絡をするのは、**「リリースの文面に興味を持った時」**です。チャンスはきちんとモノにしなければなりません。

■プレスリリースを送らないと、メディアはどう対応するか？

今度は逆に、メディア側から考えてみたいと思います。もし、記者が「誰かにコメントをもらいたい」と考えている時、あなたを含めプレスリリースが1枚も届かないとしたら、記者はどうやってコメントをもらえる人間を探すでしょうか？

記者は「プレスリリース以外の方法」で探そうとします。ひとつは「**インターネットで検索する**」、もうひとつは「**名刺入れから、過去に取材した人に当たる**」です。インターネットで検索する場合、あなたの会社が選ばれるのは非常に困難です（詳しくは第5章を参照）。というのも、記者が検索するキーワードで検索上位に自社サイトを持ってくることができないからです。結果、検索上位に表示するのに何百万円もかけられる大企業に取材は流れます。実際、私もインターネット経由で取材の依頼を頂いたことは、一度もありません。

もうひとつの「名刺入れから取材歴のある人を当たる」はどうでしょうか？まず、初めてメディア戦略に取り組む方は、記者と面識がありません。名刺を辿って取材を受けられるのは、取材歴の豊富な企業・担当者だけで「今まで取材されたことない人」には永久に番が回って来ません。よって、この方法でも記者はあなたを発見することができません。

私の場合、本書に挙げた戦略に取り組んで3年が経過しますが、過去の人脈によって声をかけて頂いたのは取材全体の2割程度です。結果として、自分から能動的に動いていかなければ、一生日の目を見ることはないのです。そのため、何らか策を講じる必要があります。プレスリリースを送り、担当者に拾い上げてもらうのは「偶然でしょう？」「たまたまじゃないの？」レベルの話ではありません。私が日々どのように実行しているかは次ページでご紹介しますが、**タイミングを計ることで、一定確率でメディア露出をすることができます。**

■成功率を倍増させるメディア戦略のタイミング

メディア戦略にあたり、アプローチする側のスタンスは、おわかり頂けたと思います。

次は「**メディアにいつアプローチをすれば良いのか**」タイミングの話です。タイミングは、担当者があなたの持っている情報や知識を必要としている時、例えば「誰かにコメントをもらいたいけど、ちょうど良い人がいないなぁ」と困った時です。その時、あなたが担当者の前に現れ、声をかけることができたら……それが、プレスリリースを送るタイミングです。

では、具体的にいつ何時、専門家を必要とするのでしょうか?

これは実際にイメージしてみると良いと思います。ここでは、新聞を例にとってみましょう。

新聞の記事は大雑把にいうと、**ニュース速報**と**特集**に分かれます。ニュース速報では毎日、その日に起こった事件・事故などを取り上げます。例えば「殺人事件が起きた」「人が車に跳ねられた」「株価が上がった・下がった」などです。ニュース速報の場合、大きな問題があります。それは、**誰も事件・事故は予測できない**ことです。予測不可能な事件・事故に対して、うまいタイミングでメディアにアプローチすることは、はたしてできるでしょうか?「ニュース速報狙い」ですとプレスリリースに書いた場合、取り上げてもらうことは非常に困難です。ただ誤解しないで頂きたいのは、コメントが掲載されないわけではありません。特に大事件の場合、専門家のコメントが掲載されることはありますから、ニュース速報へのアプローチが全くダメということではなく、タイミングを計ることが難しいと念頭に置いて下さい。

新聞記事のもうひとつは特集です。特集とは、今、社会問題になっていることや流行していることなどを取り上げるものです。特集の良いところは、例えば1週間連続で掲載、毎週金曜掲載など、**シリーズ化することが多い**ことです。裏を返せば、前回の記事を発見することで、次回はいつ記事化されるのか予測できることを意味します。

また、特集はニュース速報に比べ、**記事の導入の後や最後に部署名・担当者名が書かれることが多い**です。詳しくは50ページでお話しますが、担当者が分かると分からないとでは、プレスリリースの成功率が大きく変わってきますので重要です。さらに、記事の最後に**専門家のコメントが掲載**されます。例えば、保険金未払の特集でしたらファイナンシャルプランナーの、節税特集は税理士のコメントという具合です。しかも特集は、ニュース速報に比べて紙面が大きいため、専門家の写真やコメントを掲載するスペースも充分あります。

記事の分類についての知識は、メディア戦略の結果を大きく変えます。

「記事の掲載時期が予想できること」
「担当者が分かること」
「専門家のコメントが掲載されること」

この3点は、メディア戦略を仕掛ける上で非常に好都合です。

■メディア戦略を成功させる「後追いの法則」とは？

メディア戦略で、プレスリリース成功の鍵はタイミングにあると述べました。この重要性は、一般的なセールスと同じ考え方です。例えば、晴れている日ではなく、雨が降り出しそうな雲行きの時にお客様に傘を勧めるという「購買のタイミング」については、ご存知だと思います。では、メディア戦略の「雨が降り出しそうな雲行きの時」とは一体いつなのでしょうか？

私は占い師ではありませんが、どのタイミングでどんな特集が掲載されるのかを、一定の確率で言い当てることができます。これは、きちんとした根拠があるからです。引き続き、新聞を例にとってみましょう。前述のように新聞に対して、ニュース速報よりも特集記事を狙ってアプローチします。その場合、ひとつの法則があります。それは**「後追い」の法則**です。

例えば今日、殺人事件が起こったとすると、事件当日はニュース速報が流れ、事件から1週間後に犯人が捕まっていれば「犯人の供述」、犯人が逃げ回っていれば「事件から1週間経過しましたが、犯人は捕まっていません。情報提供をお願いします」といった報道が流れます。これらも**「ニュース速報」**に当たります。仮に犯人が逮捕されて刑事事件の場合、犯人は起訴されて裁判となり、裁判の第1回目の審理が、またメディアに取り上げられるとします。

この時報じられるのは、事件の経緯だけではなく、背景や動機から社会情勢を読み取ること、類似事件との比較など、深く掘り下げられた内容になります。これが「**特集**」です。さらに裁判が進み、判決が出た時にメディアに扱われる際は「このような事件を起こさないためには」「この事件が社会に問いかけたものとは」「罪刑は本当に適切か」など、社会全体を巻き込んだ「**特集**」が組まれることになるでしょう。

さて、メディア戦略を実行する立場からすると、どの段階でメディアに対し、アプローチをするのが良いのでしょうか? もうおわかりだと思いますが『1回目の裁判』『判決の時』、つまり特集が組まれる時です。そう考えますと事例の場合、第1回審理がいつなのか、判決がいつなのかは、裁判手続から逆算できます。もし○月×日と分からなくても、およその時期は見当がつきます。予定が分かった段階で手帳に書き込んでおき、その時期が来た時点でアプローチすれば良い訳です。これが「**後追い**」**の法則**です。ちなみに私の手帳には、2008年1月には「DV法改正」、3月には「バラバラ殺人事件の判決」と書かれています。このようにすれば、初めてメディア戦略に取り組む方でも**簡単に掲載時期が予想できます**。

ここまで読まれてひとつ疑問に思われるかもしれません。

事件から1週間後、1ヶ月後にリリースを送るのはどうなのでしょうか?

ニュース速報の段階で、アプローチはしないのでしょうか？

実際に、時間的にはとても間に合いません。詳しくは53ページでお話ししますが、メディアに取り上げられるだけのリリースを書く場合、どの段階で送っても一定の精度が求められ、客観的な数字などを用意する必要があります。そのため準備期間として2週間はかかります。もし、広報担当が何人もいれば話は別ですが、本書では社長が片手間でもできる様に考えていますので、ニュース速報の段階で慌ててプレスリリースを作ることは、お勧めできません。

ここまでの話で、事件発生からはいくつかのポイントで特集が組まれることがわかりました。ただ、あなたは元検察官でも弁護士でもないでしょうから、殺人事件でコメントを掲載してもらうことは、あまり現実的ではありませんが、この一連の流れは、何も殺人事件に限定されるものではありません。他の事例でも応用が可能です。例えば、新しく法律や制度ができた時、社会問題が起こった時などです。ここでは、新しい法律ができた時を例に挙げてみましょう。

法律が国会で議決された時、まず第1弾として「○○法が可決。××に朗報」などと報じられ、記事になります。ここでアプローチしてもあまり効果がないことは、先にも述べました。この時点では「ニュース速報」であり、あくまで新法ができたことが大事だからです。

第2段階は法律の施行時です。例えば「2009年1月からこう変わる」と題して、1月中に改正施行される法律や制度の一覧が記事化されます。この時、有識者のコメントが必要になることがありますが、この段階でリリースを送るのは、初心者にはやや難易度が高いです。

それは、タイミングだけではなく、担当記者の問題も絡んでくるからです。今回の場合、担当は社会部になりますが、社会部の記者は省庁単位で記者クラブに常駐し、新しい法律、制度をフラッシュニュースのように日々伝えなければなりません。他部署に比べ、特に時間に追われています。私の例ですが、2007年6月に社会部宛にプレスリリースを送った際、記者から「リリースを送ってくれることは嬉しいですが、私に特集を書く権限はないです」と電話を頂きました。実際、社会部担当記者から取材を受けても記事にならないことが多くありますが、社会面は社内の締めつけが強いからだと考えています。社内の締めつけとは「名前も知らない人のコメントを載せるな」「有名人のコメントでないと部数が稼げない」というものです。

そうしたことから、社会部の記者が取材を行う場合、今まで取材実績がある方を優先的に使うことが多い、という印象を持っています。新参者が割り込むのは至難の業といえるでしょう。

もちろん、可能性はゼロではありません。私自身、社会部の担当者をリスト化してアプローチをかけていますが、チャレンジする価値はあります。ただ他にも成功率の高い方法が選べるのでしたら、先にそちらを取り組んだ方が無難でしょう。時間は限られています。

先ほどの事例に戻りますと、一番お勧めできるのは法律の施行時ではなく、法律ができてから、6ヶ月、1年後です。法律や制度ができると、その節目節目で特集が組まれるからです。

例えば「その法律を使ってみてどうだったのか？」「問題点はないか？」「その是正策とは？」といったことです。**メディアにはジャーナリズムがあります。**

ジャーナリズムとは、報道によって社会を良くしようという思想です。ジャーナリズムは、使い物にならない法律や制度を許しません。問題点を批判し改善するように、権力のある人間に訴えていきます。それがメディアの使命であり、社会的責任であり、存在する意味です。

担当者は、ジャーナリズムを実現するために、定期的に法律や制度をチェックしています。なお、「法律施行から6ヶ月後」の記事は、ほとんどが社会面ではなく、生活面になります。生活面は社会面に比べ、紙面全体では探しにくい場所になりますが、紙面の量は大幅に増えます。また私の印象では、社内の締めつけも社会面ほど厳しくなく、初心者にもハードルは低めです。つまり**初めてプレスリリースを書く人にも食い込む余地が充分にあります。**

■メディア戦略の成功率を倍増させるリスト作成術

ここまでは、プレスリリースを使って仕掛けるタイミングについて見てきました。

次は「**誰にリリースを見てもらえば良いのか？**」「誰に封を開けてもらえば取り上げられる確率が上がるのか」と、メディア戦略を仕掛ける相手方、ターゲットの話です。引き続き「新聞」を例に挙げて見ていきましょう。あなたが、コメントを新聞に掲載してもらうようアプローチする場合、まず取り上げてくれる紙面をリスト化する作業から始めます（図1参照）。

では紙面を調査する際、どこに重点を置けば良いのでしょうか？

例えば、「○○新聞の社会面に関連記事があった」では意味がありません。「○○新聞××部の誰それ」と担当部署・担当者まで突き詰める必要があります。というのも、仮に無名の会社からアプローチする場合、封筒の宛名が「担当者御中」では即、ゴミ箱行きになってしまうからです。担当者を割り出すには、過去の新聞を検索する必要があります。新聞には全国に配られる全国紙と、地域ごとに配られる地方紙がありますが、全国紙大手5社（朝日・産経・日経・毎日・読売）のうち、産経新聞以外は縮刷版（新聞社が今まで発行した3ヶ月分をまとめ、A4サイズに縮小されたもの）を発行していますので、これを使って担当者を突き止めます。

例えば、日本経済新聞や毎日新聞の場合、縮刷版には50音順の目次があり、キーワードで検索できます。私の場合「離婚」の場合は「り」、「戸籍」の場合は「こ」の欄と、リスト化の作業時間を大幅に短縮してくれます。一方、読売新聞や朝日新聞には、50音順の目次はなく、「政治関連の記事」「社会保障関連の記事」などと項目ごとに分かれていて、さらに政治関連は、法務省・総務省・厚生労働省など省庁別や、選挙・法案などイベント別に区分けされています。

図１　メディアリストのイメージ図

新聞社			
＊＊新聞	社会部　大山のぶ子（社会保障）	100-80＊＊	東京都千代田区大手町＊＊＊
	久保田敏則（母子家庭）		
	伊藤博文（年金分割）		

・部署がわかれば部署を記載（わからなくても担当者には届きます）
・過去に担当者がどんな記事を書いたのかわかればベター
・住所なしでも届くが礼儀として書いておく

雑誌社			
週刊＊＊	武豊彦（行政）	101-00＊＊	東京都千代田区一ツ橋＊＊＊ ＡＢＣ社
	小笠原道夫（戸籍）		
	鈴木三郎（年金）		

・雑誌の名前だけ書いても届かないことがあるので、発行会社も入れておく
・週刊誌は特に似た名前があるので注意
・新聞と同じく、担当者が過去にどんな記事を書いたのかわかればベター

ラジオ局			
＊＊ラジオ	めざまし北海道	060-85＊＊	札幌市中央区北＊＊＊＊＊
	ワイド夕方いちばん		
	おしゃべりハウス		

・担当者は司会者以外調べようがないので、担当者御中で構わない
・新聞と同じく住所なしでも届くが礼儀として書いておく

※担当者、住所は実在しません

次に地方紙ですが、北海道新聞・中日新聞・神戸新聞などの縮刷版がある新聞社と、神奈川新聞、埼玉新聞など縮刷版を発行していない新聞社があります。ただ地方紙は、縮刷版の有無に関係なく目次がありませんので、1枚1枚めくっていくことになりますが、各新聞の紙面を当たり、誰が記事を書いているのかをチェックします。担当者名は、記事の最初か最後に書かれていますが、ニュース速報には担当者名が書かれていないことがほとんどです。そうしたことから、目次を見て「ニュース速報」の類だと分かる場合は、読み飛ばすことをお勧めします。

では、新聞はどこに行けば手に入るのでしょうか?

全国紙の縮刷版は、「市立」図書館でしたら間違いなく所蔵していますが、「町立」図書館ですと、置かれていない所もあります。地方紙の縮刷版は、地域の図書館にはまず置かれていませんが、国立国会図書館(東京都千代田区永田町1-10-1)には在庫があります。私は3ヶ月に1回、国立国会図書館に通っていますが、地方紙の縮刷版や新聞の現物を見て、自社のメディアリストを更新していきます。プレスリリースを成功させるには、担当者が異動や転勤などで変わっていないかを常にチェックし、**リストの鮮度を保つことが命です。**

これを読んで「こんなに細かくできないよ」と思われた方は、最初から血眼になって頑張る必要はありません。全国紙の縮刷版とご自身が在住の都道府県の地方紙だけで構いません。例えば、神奈川在住なら神奈川新聞、埼玉在住なら埼玉新聞だけで大丈夫です。

なぜ、居住地の地方紙だけで十分なのでしょうか？

それは地方紙が、基本的にはその地方ネタしか取り上げないからです。例えば北海道新聞の北海道欄に、沖縄関連の記事が掲載されることはありません。北海道民が沖縄の会社が開発した新商品には親近感を覚えないことからも、お分かり頂けると思います。仮に居住していない地方の情報が必要なのは、広域でイベントを開催する場合や全国展開している場合などです。

ここまでは「過去の記事」を探す場合ですが、これから発行される記事についてもアンテナを張る必要があり、その際、簡単な方法があります。Google社は「ニュースアラート」を無料で提供していますが、これはあるキーワードが含まれる記事が新聞社のサイトから発信された場合、メールで知らせてくれます。例えば「離婚」を登録しておき、スポーツ新聞が「芸能人の○○が離婚した」という記事を発信した時、メールで教えてくれる仕組みです。自分が求める記事にどのキーワードを含めるか把握しているのであれば、非常に有効なツールです。

■失敗しないプレスリリースの配信テクニック

さて、ここまではメディア戦略を仕掛けるにあたり、「いつ」「どこの誰に」という話をしました。ここからは「どうやって」「何を使って」についてお話しします。仮にプレスリリースの文面が完成し、どのメディアのどの担当者にアプローチをするのかが決まったとします。残された課題は**「どの手段で発信するのか」**です。

メディア担当者のもとへ、どのツールを使ってプレスリリースを届けるのが一番効果的でしょうか？　発信手段は大きく3つあります。

1．郵送
2．FAX
3．メール

発信手段の説明をする前に、私のやり方をお話ししましょう。私は、プレスリリースの配信の**95%を「郵送」**で行っています。残り5％がメールですが、それはすでに記者と面識があり、本人から「今後はメールで送ってよ」と頼まれた場合です。おそらくあなたは、私のやり方に「現在はIT情報化社会なのに、なぜ郵送という原始的な方法を使うのか？」「もっと楽な方法があるのではないか？」と相当な違和感を持たれたことでしょう。確かに、FAXは番号を押して紙を流すだけ。メールはインターネット上で文面を送信するだけの作業です。郵送は文面を印刷して封筒に宛名を書き、文面を封筒に入れて糊づけをして郵便業者に委託と、FAXやメールに比べたら、遥かに時間と手間がかかります。もちろん私の事務所にFAX、パソコンがない、というわけではありません。やろうと思えばすべてメールやFAXで送信も可能ですが、私がこの方法をとる理由はメディア戦略を代行する業者の遍歴に起因します。

この業界には、**ＰＲ代行会社**があります。これは2つのタイプがあり、ひとつは**メディア戦略を一緒に考えてくれる会社**、もうひとつは**リリースの配信だけを代行する会社**です。後者の業者は、格安の料金で引き受けてくれます。配信料は目に見えませんから、1件あたりの料金が安い会社にお客様は流れます。結果、激安会社には「配信コストはできるだけ安く済ませよう」という企業ばかりが集まります。この手段についてコスト意識は良いのですが、社長や広報担当者は、文面作成にどれだけの時間を費やしているのでしょうか？

残念ながら、激安会社に集まるのは内容の悪いリリースで、メディア担当者宛のＦＡＸやメールアドレスに大量に届きます。担当者は内容の良し悪しを確認する以前に、さばききれない状況になります。とはいえメディア側としても情報提供なしには仕事ができないので、プレスリリースを一切無視することもできません。この状況からメディア側も対策を講じています。それは、**信頼できる業者や過去に取材歴のある人にだけ、新しいＦＡＸ番号・メールアドレスを教える**ことです。新しい番号は暫くの間、配信業者に知られることはありません。利用者側は、配信業者が新しい番号を知っているのか、古い番号のままなのかは、判断のしようがありません。いくら素晴らしいリリースを書いても、読んでもらいたい当事者に本当に届いているかまでは把握できないのです。もし届いていなければ、当然意味がありません。

そういう私も初めからこの「裏事情」を知っていたわけではありません。私は２００５年10月まで、ＦＡＸ配信業者に依頼していました。1回の配信先は５０００件、料金は3万円でしたが、利用した結果、取材依頼は1件も来ませんでした。ただ、業者の報告書には「○○新聞の担当者が、プレスリリースを開きました」とだけ書かれていました。私は、業界事情があることは知りませんでしたが、第六感で「これは届いていないな」と感じていました。勝手な言い分ですが、私はプレスリリースの内容に自信を持っていたので「担当者の目に留まれば何とかなる」と信じていたからです。その後ＦＡＸ配信を止め、最初は「駄目で元々」という気持ちで、1件1件郵送することにしたのです。なぜ、郵送はうまくいくのでしょうか？

本書の通り実行した場合、担当者名までわかっていますから、**とりあえずは担当者の机まで届く**からです。これは、一般企業でも当てはまります。もし封筒の宛名に「○○会社・営業部・××様」と書かれていた場合、その人のところまで郵便物は届きますよね。総務部や庶務係が本人に無断でゴミ箱に捨ててしまうことはまずありません。それと同じことです。

また、**送る過程で具体的に記事を見てから相手を選択している**ことも、重要です。例えば、２００７年12月、私は全国紙の支局の記者から「プレスリリース拝見しました。11月の記事を見てくれたんですね。本当にありがとうございました。嬉しいです」という電話を頂きました。取材の依頼だと思っていたので肩透かしを食らいましたが、記者としては自分宛に手紙が届くことは「また来たよ、面倒だな」ではなく、心の底から嬉しいことなのです。

さらに私は、もう一工夫しています。それは、封筒の一番下に「離婚年金分割について」「300日問題について」と**一目で分かるタイトルをつけている**ことです。これは**記者への配慮**からです。記者は、1日16時間勤務のハードワーカーです。忙しい中、届いたリリースにはさみを入れて中身を取り出し、欲しい情報でなかったらどうでしょうか？

当然、がっかりしますよね。記者は「無駄な時間を使った」と不満に思うことでしょう。冒頭で「無断で送って良い」と書きましたが、最低限の気使いは必要です。一目で分かるタイトルをつけることで「今すぐ必要な内容か」がすぐわかります。結果、ゴミ箱直行でしたら仕方ありません。プレスリリースの成功率は、100％ではありません。内容が、ちょうど自分の担当している事件と関連があれば差出人に連絡するでしょうし、今すぐ必要はないが「何かの時に」と思えば、プレスリリースを机に保管します。郵送で発信した場合、開封されても放置され、取材の依頼が発信から3ヶ月後ということも多くあります。郵送は、ＦＡＸやメールに比べてスピード感がないのは仕方ありません。「ニュース速報狙い」ではないのですから。

最後に、プレスリリースを「どのように送るのか」についてお話ししたいことがあります。

私が3年後、5年後も郵送を使うとは言い切れません。本書を参考にして郵送する人が増えてしまったら、別の方法を考えるかもしれないからです。ただ気に留めておいて頂きたいのは、

世間の逆を行く発想が大事ということです。私生活においてメールでコミュニケーションするのが一般的だから、リリースもメールで送るのが効果的ではないか？　と考えるのではなく、その逆をつくと道が開けることがあるのです。私がこの方法に気がついたのも、メディア戦略に取り組んで1年3ヶ月も経過した時点でした。本書に書いてある内容も一語一句を鵜呑みにせず、実際にやってうまくいかなかった場合、**自己流にアレンジしてみる**ことです。

■メディア実績の二次的活用を考える

ここでは、メディアに掲載後の**効果**についてです。仮にプレスリリースを送った結果、取材を受けて掲載が決まったとします。あなたの会社が新聞や雑誌に掲載され、あなたがラジオに出演することでどのような効果があるでしょうか？

出版やセミナーなど、他のツールとの相乗効果もありますが、それは他の章でお話します。ここでは、「**プレスリリース単独の効果について**」です。一般的に考えられているメディア実績の効果は2つあります。ひとつは「**宣伝効果**」です。もし、あなたの会社が新聞に掲載されれば無料で、例えば全国紙でしたら200～1,000万部単位で記事を印刷してくれます。

これを一般の印刷会社に依頼したら、一体いくらかかるのでしょうか？

1枚4円で、800～4,000万円！　ぞっとする金額ですね。また、編集や校正などの作業も記者が代行してくれます。これもライターや編集会社に依頼すれば、お金がかかります。

では、仮にこれだけの部数に対して広告を出すとしたら、一体いくらのお金を新聞社に支払えば良いのでしょうか？

全国紙の一面を買い取る場合、広告料は1000万円と言われています。対してプレスリリース1枚で新聞に掲載されることで、制作費も広告費もかけずに大勢の人を出し抜くことができるのです。これがプレスリリースの醍醐味です……と、ここまでは他の本にも書いてます。ただ実際、自社を大勢に知ってもらっても、それだけで目に見える効果、売上や利益などの数字には表れません。仮に取材の際、記者にお願いして紙面に自社の概要や連絡先を書いてもらえる場合がありますが、にもかかわらず会社に問い合わせがバンバン来ることはありません。

なぜ、これだけ多くの紙面が刷られているのに、期待するほどの効果が得られないのか？

なぜなら**新聞の場合は、読者層がセグメントされていない**からです。例えば私の場合、離婚を考えている20～30代の女性がターゲットになりますが、新聞に目を通しているのは、40代のサラリーマンもいれば、10代の学生もいます。その人たちにとっては、私のインタビュー記事は興味のないものです。何百万人が目を通すといっても、その全員に宣伝効果があるわけではありません。**本当にあなたが伝えたいメッセージは、ほんの一握りの読者に**

しか届いていないのが現実です。1回の掲載をいかに使い回して効果を最大化するのか？というのは本書のテーマですが、「新聞に掲載された」「ラジオに出演した」からといって、抜群の効果は発生しません。また、新聞の発行部数をそのまま鵜呑みにしてはいけません。

もうひとつの効果は「**信頼度の補完**」です。

中小零細企業の場合、ほとんどの人は**あなたの会社を知りません**。例えば、あなたが自社サイトで「年間1000人の相談を受けています」と書いたとしても、文章を作成しているのはあなた自身ですから、残念ながら自画自賛の域を出ません。むしろ大袈裟な数字を載せることで、かえって信用をなくすこともあります。

また、お客様が商品を購入する場合は心のどこかで「この会社は本当に商品を発送してくれるのか」「購入した直後に倒産したら困るな」と疑念を持ち、『購入する』という最後のボタンが押せないでいます。そうやって悩んでいる人に、メディア実績は背中を押す作用があります。

例えば、読売新聞に掲載された場合、実際に渡辺会長に会ったことがなくても、お客様は「ナベツネにお墨つきを得た」と思うのです。自画自賛とお墨つきとでは、大きな違いがあります。お墨つきは、あなたのプロフィールにも影響力を及ぼすのです。

「信頼度の補完」は、メディアに取り上げられた実績をお客様に知らせることで可能になります。具体的には、自社サイトに「メディア掲載実績」というページを作って実績を羅列し、資料請求を受けつける会社でしたら資料に新聞の切り抜きを同封したり、ラジオの過去の放送を聞くことができるサイト（アーカイブ）に誘導したり、生の声を聞いてもらう方法があります。

お客様がサイトを見たり資料を開けたり、ラジオの声を聞くことで、メディアが公認したあなたに対して信頼感を持ち、先の例でいえば相談実績が持つ数字の意味が変わってくるのです。

言葉や数字は誰の口から発せられるのか、どこに掲載されるのかで、その重みが変わってきます。

メディア実績は、中小企業にとって致命的な、信頼度のなさを払拭する効果があります。

このように、プレスリリースによってメディアに掲載されたことを、さらにどのように活かすのかが重要なのです。

■メディア実績を使って、売上が6倍になる！

メディア実績は「購入しようかどうか迷っている人の背中を押す効果がある」と述べました。

私は、このことを実体験で深く感じました。メディア実績の有無が、会社の売上に明暗を分けたのです。私の会社では、２００６年６月に「離婚の赤ペン先生」という通信講座を発売しました（http://www.tuyuki-office.jp/kyouzai06.html）。

この教材は「今すぐには離婚しないが、将来離婚したい人」をターゲットに、教材を郵送して添削問題に答えてもらい、離婚の知識を習得してもらうものです。実は、この商品には欠陥がありました。それは、**社会的な認知度がない**ことです。当時「離婚の通信講座」という商品は他に存在せず、お客様に「うさんくさい」と思われていたのです。結果的にこの商品は、1ヶ月に2つしか売れません。2006年6月時点の見込み客リストは3000人。そのうちの2人しか反応しなかったのです。予想されたとはいえ、私は肩を落としました。

添削の手間を考えると採算がとれないので、しばらく販売を中止せざるを得ませんでした。時は過ぎ2007年5月、軽い気持ちで「ゴールデンウィークに離婚の勉強をしませんか?」と告知をし、封印していた「離婚の通信講座」の募集を再開しました。すると、わずか1日で12人の申し込みがあったのです。予想外の結果に、私は大変驚きました。

何が原因で売上が6倍になったのか? この1年間に、一体何が変わったのか?

その理由を知るには、2つの時期を比較してみる必要があります。

この商品が、10ヶ月の間に急に認知度を上げたのか?

そんなことはありません。私の知っている限り、同様の商品を扱っている人は、2007年5月時点では存在しません。また商品自体も、教材を増やしたり特典をつけたりなどの手直しは行っていませんし、特に内容も変えていません。つまり、商品が突然魅力的になった訳でもありません。

10ヶ月の間に変化したのは、私のメディア実績だけです。

2006年6月時点で、私のメディア実績はゼロでした。この時点の私は「開業2年目の、どこにでもいる人」で、魅力的な人間ではありませんでした。

しかし、この10ヶ月間に私は1作目の著書を発売し、雑誌にコラムを書き、ラジオに出演してと、メディア実績を着々と積み重ねていきました。お陰で2007年5月時点では「本を出してマスコミにも登場する、すごい人」になっていたのです。私という人間が劇的に変化した訳ではありません。私の背景にあるメディア実績が変わり、お客様が私を見る目も変わっていました。私に足りなかった**信用度が補完された**のです。

メディア実績＝売上というのは、さらに半年後にも数字として現れました。

2007年12月に再度、同じ告知を行いました。調子に乗って価格を従来の2倍にしたのですが、今度は1週間で17人の申し込みがありました。もう「やればやるほど売れる状態」です。

2007年5月時点と12月時点を比較しますと、やはり変わったのはメディア実績です。2作目の著書が発売され、全国紙に顔写真入りのインタビューが掲載されました。メディア実績がもう1段階、肉づけされたのです。商品に関する設定や内容は、過去3回全く同じにも関わらず、メディア実績の違いで売上にここまで大きな違いが出ました。

この事例から、**メディア実績は「購入を迷っている人」が「購入を決定するための要素」になり、その結果「売上に直結する」**ことがわかりました。

「売上を上げたいから、メディア戦略に取り組む」

このように、始めるきっかけは安直でも構いません。

メディア実績を単なる実績ではなく、**きちんとお金に変えていく発想が大事**です。

■1枚のプレスリリースで、6回メディアに登場する方法とは？

さて最後に、私が実際に行った事例からお話しします。これは、1枚のプレスリリースから多数の取材を受け、全国紙2紙を含む合計6つのメディアに取り上げられたケースです。その方法は、今までお話しした内容と比べても**原理原則は全く変わりません**。

私が経営する会社のひとつに、行政書士事務所があります。この事務所は夫婦の離婚問題に特化し、相談業務や書類作成業務などを行っています。

2007年5月に私が**着目**したのは、4月に新しくできた「離婚年金分割」という制度（年金法改正）で、これは夫婦が離婚する際、妻が夫の厚生年金の2分の1を請求できる仕組みです。

それについてまずは、**メディアリストの作成**です。

「数あるメディアの中から、どこにアプローチするのが効果的なのか？」

私は、２００７年１月から５月までに次の記事を書いた新聞記者を調べ上げました。

1．年金分割制度が国会で成立した時に、記事を書いた人
2．年金分割に限らず、年金関連の記事を書いた人
3．離婚・戸籍・女性の地位向上など、母子家庭に関する記事を書いた人

この数はおよそ60ありましたので、「○○新聞・担当者××」とリスト化します。

アプローチ先が決まったところで、次は**プレスリリースの作成**です。

「離婚年金分割について、どのような切り口で文章を作成すれば良いか？」と、担当者に興味深く読んでもらう内容を考えますが、その際、私が多用しているリリースの書き方があります。

それは「**○○と報道されていたが、本当は××だった**」手法です。

この方法は、**メディア担当者が持つ「ジャーナリズム」を刺激し、「この内容を伝えなければ」と担当者が使命感に駆られる作用があります。**

この方法は「○○と××」に差異があることが前提で、この差異が大きければ大きいほどリ

リースは書きやすく、担当者の正義感をくすぐります。この書き方で今回の例に当てはめますと、離婚年金分割の差異は次のようになります。

「制度が施行される以前は『年金分割制度ができることで、今まで我慢していた世の奥様達が、一挙に離婚を切り出し、離婚件数が急増する』という報道がされていました。

しかし蓋を開けてみると、2007年4月の離婚件数は前年度に比べてわずか2％増で、さらに6月になると、離婚件数は減少しました」

制度の施行前に予想されていたことが、施行後、外れてしまったのです。

「プラスと言われていたものが本当はマイナスだった」

これは大きな差異です。

気をつけて頂きたい点として「○○と報道されていたが、本当は××だった」手法は、あなたひとりの意見を書くものではありません。

『散々報道してきたけど、本当は違ったじゃないか！どうしてくれるんだ！』

と、書いているのは私個人ですが、**国民の声を代弁するつもりで**書くと良いでしょう。すると特に意識しなくても、いつの間にか公共性を帯びて、自然に完成度の高い文面になります。

ただしこれだけでは、一般読者がメディアに意見する「おたより」に過ぎません。メディアとしては、1億人余りの中からあなたを選んで紙面にコメントを掲載する義理はありません。

そう考えますと、「○○と報道されていたが、本当は××だった」手法にもう一工夫加える必要があるでしょう。

ところで話は変わりますが、中小企業の社長や広報担当者がリリースを書く場合、気をつけなければならないことがあります。それは、リリースを**書く側のスタンスの問題**です。

中小企業の経営戦略とメディア戦略は、考え方が違います。例えば、経営戦略では「ニッチ（隙間）を狙え」とよく言います。というのも、大企業が幅をきかせている分野で中小企業が戦っても勝ち目はなく、大企業が参入してこない隙間の分野に狙いを定める方が、勝機があるからです。この考えは企業戦略としては真っ当ですが、そのままメディア戦略に取り入れてもうまくいきません。なぜなら、**メディア側はニッチな情報を求めていない**からです。

特に全国紙はその傾向が強いです。全国紙の読者には、10代の学生も40代の主婦も60代の方も含まれるため、セグメントされていませんし、特定の層に偏っていません。仮に、大企業が扱わない分野で新商品を開発し、プレスリリースを作成したらどうなるでしょうか？

担当者は、読者全般に向けて記事を書き、特定の層に偏った記事を書くことはできません。**一部の読者に向けた記事が全国紙に掲載されることはありません**。そのようなプレスリリースは、ゴミ箱行きになってしまいます。ニッチ戦略をメディア戦略に応用すると痛い目に遭います。

では、ニッチ分野で活躍している中小企業は、どのようにアプローチすれば良いのか？

対策としては分野を絞るのではなく、「**分野を広げつつも切り口を変え、読者の理解度を深めるように作成する**」。これが、ニッチにならないプレスリリースの書き方です。

具体的には、さきほどの事例で見ていきましょう。前述したように私の事務所は、離婚相談の中でも若年層をメインターゲットにしています。私の年齢が20代ということもあり、年齢の近い層にとっては相談に来やすいからでしょう。もし私が「中小企業の経営戦略」をそのままリリースに反映するとしたら、次のようになります。

「若年層では、あまり年金分割制度は使われていないようだ」

私は若者の離婚相談という「ニッチ分野」で仕事をしていますが、自分の扱っているニッチ分野の情報をメディアに届けてもうまくいかないのは、もうおわかりですね。「若年層では、あまり年金分割制度は使われていないようだ」と当たり前のことを書いていては、メディアには相手にされません。若者が年金分割に興味がないことくらい、担当者も分かっています。

離婚年金分割は本来、熟年離婚をターゲットに作られた制度です。婚姻期間が長くなればなるほど、分割できる年金が多くなるからです。私の事務所では、年配の方の相談はゼロではありませんが、やはりメインは若年層です。それなのに「熟年離婚に特化している」と嘘をつくわけにもいきません。メディアのみならず、読者も裏切る行為になりますし、倫理観の問題になります。そこで私は、若年層・年配層と年齢で区別せず、「**全世代向けの情報**」としてリリースを書くことはできないかと考え、それを可能にする方法を見つけました。

アンケート調査です。

具体的には、当事務所で公正証書（金銭の支払が遅延すれば、強制執行が可能になる法的文書）を作成された方に対し、年代・住まい・離婚理由などの聞き取り調査を行い、結果をリリースに盛り込み、そのデータの解説や意見を中心に文面を仕上げていきました。おそらく、こうしたデータは他の事務所も持っているでしょうが、積極的にメディアにアプローチしたのは私ひとりだけです。同じ環境で生きていても、メディアに登場する人としない人は、ここで差がつきます。このリリースは、記者にとって「**使えるネタ**」でした。取材時に担当記者は興奮した様子で「絶対に他のところで公開しないで下さいね」と話していました。

ところで、プレスリリースの書き方については次の良書があります（『無料で1億人に知らせる門外不出のPR広報術101』井上岳久著　明日香出版社）。横浜カレーミュージアムのプロデューサーであった井上さんがプレスリリースを使い、ミュージアムを再建するまでの履歴が書かれています。特に営業担当と連携してイベントを開催し、それをメディアに取り上げてもらう過程は秀逸です。

類書と違うのは、井上さんが自分の手足でメディア戦略を実践し、成功談も失敗談も書かれているため、メディア戦略をよりリアルに感じられる点です。他の類書はPR会社の社長が書いたものが多く、自社の宣伝のために出版しているので失敗談や自社に都合の悪いことは書かれていません。

さて、話を元に戻します。**リリースの送信時期**についてです。送信時期の説明については前述しましたが、計算づくでうまくいったケースもあれば、結果としてうまくいったケースもあります。**この両方を掲載することでメディアの裏事情が分かるでしょう。**

通常リリースを送信するのは、特集が組まれることが予想される1ヶ月前です。

今回の場合、法律施行が2007年4月。特集が法律施行から6ヶ月後とすると、10月です。ここから逆算すると、9月に送信すれば問題ありません。私は直感で、このリリースに自信を持っていたため「どうしても早く作って記者に見せたい」衝動に駆られ、全く季節はずれの6月に送信してしまいました。

しかし、早とちりしたことで結果的に恩恵を受けました。6月にリリース送信後、早速、全国紙の大手新聞社から声がかかりました。記者によると「特集は9月に掲載する」とのこと。やはり法施行から6ヶ月後でした。声がかかった時点では、掲載までまだ3ヶ月もあります。新聞社からの取材は通常、インタビューを受けて終わりです。取材の目的は、記者の知識の穴埋めだからです。そう考えると、この時点でインタビューを受けても良いのですが、もっと何かできることはないかと考え、ひとつの工夫をしました。

それは、恐れ多くも記者に対し「記事の方向性」を提案したのです。私が提案したのは

・年金分割は、離婚の決定的な要因にはならない

・この制度ができたことで、冷静に物事を判断できるようになり、夫婦は離婚することに対して慎重になった

の2点です。この内容を含む記事にして欲しいと提案しました。これは私のプレスリリースの骨子です。記事の編集権は記者にありますが、**私の主張を中心にするよう打診しました。**

その後、インタビューを受けるだけでなく、記者と話をすり合せ、どのような論調・趣旨の記事にするのかを決めていきました。記事の内容まで足を突っ込んでいったのです。従来の戦略では時間的に難しいですが、今回の場合は早とちりしたおかげで、それが可能になりました。

このような経緯で、当初の予定では私の写真が入り、全面インタビューが掲載される予定でした。しかし社内の締めつけで、すべて希望通りにはなりませんでした。紙面のインタビュー内容の8割は、私の言葉です。一方実際の紙面は、家庭裁判所の裁判官や大学教授に許可をとり、その人のコメントとして掲載されていました。この新聞社とのつき合いは初めてだったため、それ以上強く言うこともなく、記者から深く謝られましたが、彼女の責任ではありません。

いくら担当者からＯＫが出ても、上司が納得しないこともあります。特に全国紙の場合「見

えない圧力」がかかることは仕方ありません。努力の9割は報われないことは、経験上分かっているからです。記者から謝罪を受けた時、特に腹も立てることもなく、頭の中ではすぐに次の戦略を思い浮かべていました。

ここで話が終わりますと、ひとつの新聞にコメントが掲載された事実だけです。それでも、この掲載実績を使い回して売上を上げるには十分ですが、私は、この位では飽き足りません。**この実績を使い、さらに別のメディア戦略を仕掛けた**のです。これが**メディア実績の二次的活用法**です。

第二のメディア戦略は、**新聞社に掲載された実績を他の媒体に転用すること**。具体的には、この実績をもとに**ラジオ局にアプローチする**ことです。

この話をするには、ラジオ番組ができる過程を理解する必要があります。先日、あるラジオ局の編集部長と話す機会があり、その席で彼はこんなことを言っていました。

「朝のラジオ番組では、実際にどの記事を番組で読み上げるのか決めるため、責任者が番組の始まる前に一通り、新聞に目を通す」

この発言からラジオ局では、全局が同じニュースを読み上げずに人間が一度「**ふるいにかける**」作業を行うため、番組や担当者ごとに内容が違っていることや、大きな記事・注目記事が、必ずしも優先的に読み上げられる訳ではないことがわかりました。

図2－1　メディアに6回取り上げられたプレスリリースの文面

報道関係者各位

平成19年9月17日

露木行政書士事務所のプレスリリース

【離婚年金分割制度についての現地調査を実施】

離婚専門の露木行政書士事務所は顧客に対し離婚年金分割について調査を実施した。19年4月から8月に当事務所において公正証書を作成した顧客52人に年齢、家族構成、年金分割しなかった理由など聞き取りをした。
（調査結果は別紙参照）

離婚年金分割とは夫婦が離婚する際、妻が夫の厚生年金部分を分割し受け取ることができる制度で19年4月から始まった。社会保険庁によると4月の請求件数は全293件。年金分割の効力を発生させるため公正証書を作成する必要があります。（社会保険庁・年金相談Q＆A1411）

公正証書を作成した夫婦52組のうち、年金分割を盛り込んだのは17組。妻の年齢別をみると年金分割を行ったのは20代では9組中2組（22.2％）、30代では27組中7組（25.9％）、40代では11組中4組（36.3％）、50代では5組中4組（80.0％）。50代夫婦では大半が制度を利用しているのに対し、20代から40代の夫婦の利用は2割に止まった。（年金分割を利用しなかった理由は別紙参照）

注）カッコ内は全作成件数に対する、年金分割を盛り込んだ人の比率

家族構成だが、年金分割を行った夫婦にはすべて子供がおり、子なし夫婦はこの制度を利用していない。離婚後、子供を抱え暮らす妻が、将来の自分の年金のことを真剣に考えている証拠です。

次に分割割合である。この制度では、妻は夫の厚生年金を、婚姻期間に納めた分に限り、最大2分の1まで分割できる。本調査で年金分割を行った顧客はすべて分割割合を最大限である2分の1であった。例えば3分の1、4分の1という割合で合意したケースは1件もなかった。

19年6月21日読売新聞には「4月の離婚件数は前年同月比6％増の2万3355組で昨年4月以来1年ぶりに前年同月を上回った。年金分割の開始まで離婚の申出を控える『離婚待機組』が増えているとの見方が強かった」とあります。

本調査で「年金分割が始まるまで離婚を待った」という顧客はいなかった。分割割合を2分の1にできたのには理由があります。夫が一方的に原因（特に浮気と金銭問題）を作り、妻の希望通りの条件で離婚できる場合です。30代女性は「年金分割にメリットは感じなかったが、やらないよりマシと勧められ手続をした」と言う。彼女も夫の浮気で離婚せざるを得なかった1人で、離婚の決断は年金分割を待つほどの余裕はなく、待ったなしです。

本件の問い合わせ先（担当：露木）
TEL 0120－188－774（10時～18時　水曜定休）
Eメール　tsyu@mh.scn-net.ne.jp
259－0111　神奈川県中郡大磯町国府本郷279　TEL 0463－72－5881

※ラジオ局にアプローチしたときのもの

つまり**ラジオという媒体は、新聞の影響を強く受けているのです**。あなたも一度、ラジオ放送を聴いてみると良いでしょう。「○○新聞によると」「夕刊××の記事では」という言い回しが頻繁に出てきます。ということで、新聞掲載の事実をラジオ番組の責任者に知らせ、ラジオの出演を打診することで、第二のメディア戦略が始まります。

しかし、いくら新聞とラジオの親和性が高いからといって、何もしなければ新聞掲載→ラジオ出演とはなりません。適切な方法でラジオ番組にアプローチする必要があります。私の場合、具体的な方法は新聞と同じです。ラジオ局にプレスリリースを送るのです。ただし、リリースは専用には作りません。新聞用と同じもので構いません。唯一違うのは、**掲載された新聞記事の切り抜きをコピーして同封する**ことです。これが大きな意味を持ちます。

切り抜きを同封する意味は、「新聞に取り上げられたんですが、お宅のところはどうですか！」という強いメッセージです。わざわざ活字にして相手に伝える訳ではありませんが、切り抜きを見た担当者はあなたのことを「**全国紙に顔とコメントが載った凄い人**」だと思います。

毎日、新聞をチェックしているラジオ局の人でしたら、なおさらです。

二次的活用法を実践した結果、ラジオ局4社から出演の申し出があり、静岡と東京のスタジオに出向き、広島と名古屋には電話出演しました。約200のラジオ番組にアプローチしたの

図2−2　メディアに6回取り上げられたプレスリリースの文面

事務所代表・露木幸彦のプロフィール

1980 年生まれ。国学院大学出身。行政書士・ファイナンシャルプランナー。金融機関の融資担当時代は住宅ローンのトップセールス。離婚に特化し行政書士事務所を開業。サイト「離婚サポート net」は1日訪問者 2,400 人。会員数は 5,200 人と離婚関連では日本最大。開業から2年間で有料相談件数2,800件、離婚協議書作成283件を達成した。著書に「子どもの父親には妻子がいます。シングルマザーの認知、養育費、慰謝料」(九天社)がある。

＜離婚年金分割についての調査結果＞

・平成 19 年 4 月 1 日から 8 月 31 日まで
・当事務所にて公正証書を作成された方のデータを抽出
・公正証書作成件数 52 件

■　公正証書を作成し、年金分割の合意を盛り込んだ（全 17 件）

1．妻の年齢
20 代　2 人（11.7%）　　30 代　7 人（41.1%）
40 代　4 人（23.5%）　　50 代　4 人（23.5%）

2．分割割合
全件 2 分の 1 であった。

3．家族構成
未成年の子と同居　14 件（82.3%）
成人した子と同居　3 件（17.6%）
夫婦のみ　なし

4．離婚時の妻の職業
正社員（会社役員、自営業含む）　5 人（29.4%）
パートタイマー（派遣社員、契約社員含む）　6 人（35.2%）
無職　6 人（35.2%）

■　公正証書を作成したが、年金分割について盛り込まなかった（全 35 件）

1．妻の年齢
20 代　7 人（20.0%）　　30 代　20 人（57.1%）
40 代　7 人（20.0%）　　50 代　1 人（2.8%）

2．家族構成
未成年の子と同居　28 件（80.0%）
成人した子と同居　1 件（2.8%）
夫婦のみ　6 件（17.1%）

3．離婚時の妻の職業
正社員（会社役員、自営業含む）　15 人（42.8%）
パートタイマー（派遣社員、契約社員含む）　6 人（17.1%）
無職　14 人（40.0%）

4．年金分割制度を利用しなかった理由
夫を説得できなかった　1 人（2.8%）
夫が自営業だった　8 人（22.8%）
婚姻期間が短いため、夫に切り出さなかった　22 人（62.8%）
夫と同程度の収入がある　2 人（5.7%）
夫が厚生年金を納めていない　1 人（2.8%）
年金分割で得られる金額分を、慰謝料として先に夫から受領した　1 人（2.8%）

※ラジオ局にアプローチしたときのもの

で、成功率は2%です。また9月に、大手経済新聞社からも取材を受け、掲載されました。

以上で、プレスリリースの成果が出揃いました。この、たったA4用紙2枚のリリースが、新聞社・ラジオ局の人間の心を動かし、全くの素人がメディア露出を実現したのです。私の脳みそを抜きにすれば、かかった費用は5万円程度です。この露出を宣伝費に換算すると、一体いくらの価値があるのでしょうか？　さらに、第6章のやり方を実践すれば、その効果は最大化することができます。まとめとして、今回の実例から学んで頂きたいことは、次の4点です。

1. 施行から6ヶ月、1年経過した法律や制度について、特集が組まれる時期を予想する
2. 自社しか出せないような情報、データを抽出し、リリースを作成する
3. 担当者の机に届くためのリストを用意する
4. 掲載された後も活用する（他メディアへのアプローチ、メディア実績に反映）

■プレスリリース配信を実行に移す前に……

ここまでお読みになって、ビジネスを真剣に考えている人であれば、実践しようと思うでしょう。また、取り組むきっかけは「明日にも売上をあげたい」「面白そう」「自分にもできそう」など、いろいろあると思いますが、いずれにせよ自身の手足を使って動くことを信じています。

ところで、本書の戦略知識を得て、行動に移す前に気を引き締めて頂きたいことがあります。それは「自分の利益のため」ではなく、「メディア担当者のため」「読者のため」に取り組む意識を持つこと、担当者や読者が本当に求めている役に立つ情報を流してあげることです。

仮に、会社概要をメディア宛に送りつけても記事になることはありません。よく考えてみて下さい。何もマスメディアは、あなたの会社を優先的に宣伝してあげる義理はないのです。

にもかかわらず、公共性のない、ひとりよがりなプレスリリースを送り続けると、あなたの会社はブラックリストに載り、二度と読んでもらえなくなるでしょう。「私利私欲のためにメディアを利用してやろう」と考えていると、あなたはメディアから見向きもされなくなるのです。

アメリカでゲリラ・マーケティングの神様と呼ばれるジェイ・C・レビンソンは著書の中で広報活動の方向性についてこんなことをおっしゃっています。

「編集者もプロデューサーもプロモーションがきらいだ。彼らの仕事は読者や視聴者に対するプロモーションと広告活動を統合することではない。情報を提供し、知らしめ、楽しませることだ」（『必ず売れる！　ゲリラ・マーケティング in30days』ジェイ・C・レビンソン、アル・

ローテンスレーガー著　フォレスト出版）

あなたがプレスリリースを送る前に、次の2つの条件を満たしているか、確認してみて下さい。ぜひ、手元から文面が離れる前に自問自答してみましょう。

◇もし、プレスリリースの内容がそのまま明日の朝刊1面に掲載されるとしても、恥ずかしくないものか？

これは、「誤字脱字がないか」「知識のない人間が読んでも分かる内容」「主語述語は明確になっているか」などです。発信する前にもう一度、校正をかけてみましょう。

◇プレスリリースの内容に偏りはないか？　一部の読者が喜ぶ内容ではないか？

前述のように、中小企業の経営戦略とメディア戦略は、根本が違います。そのことを意識して、頭を切り替えることが非常に重要です。

最後にお話したいのは、プレスリリースの成功率を知っておくことです。この数字を知らないと、結果が出る前に諦めてしまうからです。あなたがプレスリリースを送る相手先は、どれくらいありますか？　40や50では足りません。それでは結果が出ないまま幕引きです。

プレスリリースの成功率は10%、20%ではありません。私の場合、メディア戦略に取り組み、結果が出始めた当初は1%。今は、経験を積み技量が磨かれて3%になりました。その位です。この数字は不思議なことに、新聞・ラジオ・その他どの媒体でもほぼ同じです。ですから、**いくらうまくやったとしてもプレスリリースの99%はゴミ箱行きです。**「素晴らしい内容」「ちょうど良いタイミング」「的を得た担当者に出会う」など最高の条件が揃ったとしても、必ずしも100%採用されるわけではありませんので、「せっかく時間をかけて作ったのに悲しいなぁ」と嘆いても仕方がありません。その数字をあらかじめ承知しておくことです。

専門家インタビュー

中小企業経営の専門家で経営コンサルタントとして、特にメディア対策に詳しい竹内謙礼さんにお話をお伺いすることができました。

露木　プレスリリースを書くにあたり、どんな題材を用意すれば良いのでしょうか?

竹内　基本的な考え方は『できないことから発想すること』です。他社がやっていないキャンペーンや企画だから、メディアに取り上げられるのです。例えば私が担当した牧場では、いちごを1ヶ月前に収穫できるようにし、『県内で一番早くいちご摘みができる牧場』として取り上げられました。

露木　プレスリリースを送るタイミングはどのように考えていますか？

竹内　イベントの場合、季節性を考えたり、記念日に合わせたりするのが良いでしょう。例えば「父の日ならどんなイベントを企画できるか」と考えます。それから、イベントの1ヶ月前、2週間前、3日前など、進捗状況を定期的にリリースとして流すのも有効な方法です。イベントの進み具合を知ってもらうことで、相手に臨場感が伝わり、反応がよくなります。

露木　プレスリリースを成功させるにあたり、大事なことは？

竹内　媒体ごとに特徴を知ることです。例えば雑誌の場合、絵面が重要視されるため、必ず写真を添付します。ネットショップが雑誌に掲載されにくいのは、写真が撮れないからです。

露木　ほかにはどうでしょう？

竹内　プレスリリースが取り上げられるかどうかは不確実なので、例えば「掲載紙面の確認を事前に求めない」「いつでもつながる携帯電話の番号を教える」など担当者と信頼関係を築いておくことが大事です。担当者にとってお願いしやすい存在になると、リリースを送らなくても直前まで掲載記事が足りない場合など、向こうから連絡してくるものです。

露木　なるほど。参考になりました。ありがとうございます。

◎竹内謙礼（たけうち・けんれい）

中小企業の販促戦略、人材教育などを行なう経営コンサルタント。有限会社いろは代表取締役。大学卒業後、雑誌編集者を経て観光牧場「成田ゆめ牧場」の企画広報に携わり、通信販売や実店舗の運営、企画立案等を行う。楽天市場に出店したネットショップはオープン3年目で年商1億円を達成。

現在は、セミナーや講演会、企業の人材教育の他、「タケウチ商売繁盛研究会」の主宰として多くの中小企業経営者に対して、キャッチコピーや広告等の戦略指導を積極的に行っている。著書に『売り上げがドカンとあがるキャッチコピーの作り方』（日本経済新聞出版社）、『楽天でNo.1になれた幸せなお金の儲け方』（イースト・プレス社）など、他多数。

竹内謙礼のボカンと売れるネット通信講座
http://www.e-iroha.com/

図3　媒体別アプローチ方法とリスト先選定～新聞、雑誌、ラジオ

	新聞	雑誌	ラジオ
媒体の特徴	・発行部数が他の媒体に比べ、桁違いに多い（読売新聞は1,000万部） ・自分の記事が掲載される可能性のある連載コーナーを探すことがコツ	・綺麗なカラー刷りをしてくれる媒体 ・内容によっては長期間保存されるため、宣伝効果が高い	・一般の方でもゲスト出演できる番組が多数あり ・AM、FMによってアプローチ方法は異なる ・リスナーから直接の依頼はないが、出演により信頼度アップするので、一般顧客の成約率が向上する
アプローチ先	全国紙（5大紙＝読売、朝日、毎日、産経、日経）／準大手（北海道、西日本、中日）／地方新聞（準大手以外）／専門紙（日本教育新聞、日経MJなど）	自分の業務と関連する雑誌（例：FPの場合はマネー雑誌、セラピストは健康雑誌など）	キー局系列ラジオ／地方ラジオ局／FM局／コミュニティFM
アプローチの時期	月中が望ましい。または特集が組まれる1ヶ月前	企画発足の3～6ヶ月前（新聞に比べ、企画の動き出しが早い）	月中、番組改編の直後、他に媒体に掲載されたとき
アプローチ方法	プレスリリースを送る	プレスリリースを送る	プレスリリースを送る
プレスリリースの内容	・プレスリリースが即、記事に転用できるほど、完成度の高い内容が求められる ・他社では手に入らないデータや情報があると良い	・新聞と比べ、問題を掘り下げるので、専門家視点のコメントが好まれる ・コラムや簡単な原稿を送ると、そのまま採用される場合がある	・番組の内容に合わせたもの、時事ネタ ・興味本位ネタより、真摯で真面目なネタが好まれる

注1）大手出版社は、編集を子会社や関連会社に回していることが多いが、子会社や関連会社にインタビューや企画立案の取材権限を任せていないため、アプローチしても効果は薄い
注2）雑誌のコーナー冒頭には、担当者名が書かれているが、ここに出版社とは名前の異なる○○企画、××デザインとある場合、編集を外注していることがわかる

注1）ゲスト出演が可能な番組を探していくことがリスト作りになるので、過去のゲスト一覧をチェックし、アプローチを限定する
注2）地元にゆかりのある人間でないと出演できない番組もあるので、ゲスト一覧から部外者でも出演できる番組を探す
注3）郵送でアプローチする場合一般読者からの「おたより」と混在するので、封筒に「プレスリリース」と書くと良い

第3章

印税をもらいながら
商品を紹介してもらう方法
〈出版〉

■出版を使ったメディア戦略とは？

私が提唱する「中小企業のためのクロスメディア戦略」について、「プレスリリース」「セミナー」ときて3つ目は「出版」です。出版は、自分で書いた本を書店に置いてもらい、書店に訪れた人に手にとってもらい、自社のお客様になりそうな人（見込み客）に本を購入してもらう流れですが、あなたのことを知ってもらう意味で**出版もひとつの広報戦略**です。あなたやあなたの会社の「知名度」「信頼度」をアップさせることができます。

ところで、クロスメディア戦略のツールにどうして出版を加えるのでしょうか？

出版には、他媒体にない特徴があります。それは「**分量**」です。新聞と比較するとわかりやすいでしょう。単行本1冊が約200～300ページ、1ページを400文字とすると、トータル8万～12万字。一方新聞は、インタビューが丸々掲載されても800字程度。しかもプレスリリースは独占して掲載できませんから実際は100字程度で、本とは800倍以上も開きがあります。

文字量が違うと、一体何が変わるのか？　それは**読者に対する影響力**です。確かに、お客様との信頼関係が補完できるため、新聞掲載の実績は重要です。ただ、読者に与える印象はそれほど大きくありません。「ああ、載っていたな」程度で、あくまで主役は記者が書いた原稿です。我々のコメントではありません。100字程度で読者に強い影響力を与えることは、できないのです。

対して、本はどうでしょう？　あなたは、小説を読んで涙を流したり、自己啓発本を読んで人生観が変わったりした経験はありませんか？　本は8～12万字を使って読者に対し、価値観や考え方に影響を及ぼし、購買に結びつけます。なお本書では、本が他人の心に関与するレベルまではあえて求めません。**お客様との信頼関係を築くこと**で十分です。後ほどお話ししますが、私は2007年3月に第1作目の出版を実現して印税を得ました。しかもその後6ヶ月で、印税の6倍も本業の利益をあげることができたのです。利益とは読者から連絡を頂き、本業の相談・書類作成業務に結びつけたもので、お客様をこちらから説得せずにいきなり成約して頂くこともありました。こうしたことは、出版戦略を実践すれば1冊の本であなたも実現可能です。

■「出版貧乏」にならないための出版戦略の位置づけ

本を出版すると、あなたは「**印税**」を得ます。出版形態は様々ですが、ここでは出版社から印税をもらう「**商業出版**」についてです。商業出版の場合、初版部数に対し3～10%の印税がもらえます。出版社からお金を得て、自社の宣伝ができますので、これを使わない手はありません。ただ先日、あるお客様が**「企画書と原稿を書いて、どれくらい時間がかかるんだ。印税だけじゃ元がとれない。出版貧乏になるじゃないか」**とおっしゃいましたが、このように心配していることに私は驚きました。なぜなら、大多数は**「出版できて万々歳」**と出版自体が大目標になっているからです。この心配は、きちんと自分の時間給を計算して働いている**「自己管理能力の高い方」**だからこそ頭に浮かぶことです。

では、出版という**「行為」**は、時間ばかりかかって元がとれないのでしょうか？

私は何も「費用対効果は低いが、自己満足や他人に自慢するため」に出版を推奨している訳ではありません。きちんと実行すれば、執筆時間が「割に合わない」ことはないのです。私は本業を含め、第1作目から相応の報酬を得ています。具体的には、執筆時間とそこからのリターンを計算すると、執筆の時給は5000円前後になります。

しかも**「本業への跳ね返り」**（読者が自社商品やサービスを購入してくれること）が続いていますから、金額はどんどん上昇していくことでしょう。私は「出版なんてするんじゃなかった」「その時間を、もっと他のことに使えば良かった」と思ったことはありません。もちろん印税も大事でしょうが、出版を「費用倒れ」に終わらせないため、十二分に戦略を練ることで有効なメディア戦略となるのです。

■素人が出版に結びつけるまでの流れ

プレスリリースと同じく、待っていてある日突然「あなたの仕事を本にしたい」と編集者が訪ねることはありません。行動しなければ、一生あなたの本が書店に並ぶことはないでしょう。

では、一体何をしたら本を出すことができるのでしょうか？

第1段階は、**出版社に企画書を送る**ことです（企画書の書き方は119ページ参照）。出版社から頼まれずに企画書を送ることを「持ち込み」といいますが、まず持ち込み原稿を募集している出版社に送ります。もちろん、それで出版が決まる保証はありません。担当者の目に止まらなければそのままゴミ箱行きですし、仮に興味を持っても、社内会議を通して責任者のGOサインが出て正式に出版が決まります。出版実現までの流れとしては、**①企画書の送付、②担当者の判断、③出版社の会議**と、3つのハードルが待っています。なお、私の場合は次のようですが、分量的には、出版企画書がA4用紙で10枚。プレスリリースが1枚です。

・第1作目、2006年11月、120の出版社に企画書を送付し、8社から応諾
・第2作目、2007年5月、90社に送付し、6社から応諾
・第3作目（この本の企画書です）、2007年10月、113社に送付し、11社から応諾

ひとつの企画書にたくさんのお声を頂くのは、作成者としては嬉しいです。成功率は8～10

％で、プレスリリースの１～３％よりは高いですが、他の方の話では１％を切ることもあるようです。では、どのような企画書が、出版社にＧＯサインを出してもらえるのでしょうか？

例えば、あなたの日頃の仕事振りを書き溜めた内容では、出版社はＯＫしません。なぜなら、あなたの日記を読みたいのは本人と知人ぐらいでしょうし、あなたの親戚や友人が１００冊買ってくれたとしても、出版社の採算には乗らないからです。

では出版を実現するためには、どのような着眼点が必要なのでしょうか？

■出版を実現するための、２つの着眼点

一体どれくらいの冊数が売れれば、出版社は採算が合い、赤字にならないのでしょうか？

出版に際して、**コスト面**を考えましょう。仮に、本の大きさを四六版（天地１８８ミリ×左右１２８ミリ）、２４０ページとします。すると出版社は、本にかけた費用（用紙代・印刷するためのハンコを作る製版代・装丁を装丁家に依頼した費用・印刷費などの直接費や編集・営業の人件費、新聞広告などへの宣伝費といった間接費、流通コストなど）を算出して印税を計上し、過去の売れ行き事例を踏まえて採算分岐点を把握し、販売価格と初版部数を決めていきます。ここでは、販売価格を１５００円、初版部数を５０００部、印税を10％と仮定し、実

売70％の3500部が採算分岐点としましょう。印税を支払うのは、発売日から3～6ヶ月後が一般的ですが、もし予想以下の部数、例えば3000部しか売れなかったとしても、著者には印税を支払わなければなりません。ということで、出版実現のために企画書に盛り込む着眼点は2つあります。

①この本を求めている人が、財布から1500円出して買ってくれるだろうか？
②この本を求めている人が、3500人いるだろうか？

企画を持ち込む際、この2つの質問にきちんと模範解答を準備しておく必要があります。まず①ですが、これは**企画の中身の問題**です。例えば突然「1週間後に企画書を完成させて欲しい」と言われても、無理な話です。なぜなら、出版するだけの価値ある人生を送っていなければ企画書は書けないからです。「今までの人生がどうだったか」が問題になります。そういう意味で、**出版は本を出す前から始まっています。**

仮に同業社が1000社あり、あなたが999社と同様の仕事をしている場合、仕事内容を執筆する理由はありません。誰が執筆しても、同じ様な原稿ができるからです。また大勢が持っている知識や情報は類書やホームページに書かれていますから、あえて1500円出して買う人はいません。例えば私の場合、初めて出版企画書を作成した際、離婚分野の本を書こうにも類書やホームページが無数にあり、「なぜ読者が私の書いた本にお金を払って買うのか」出版社に説明できず、出版は実現しませんでした。

・赤の他人が、お金を出しても欲しい情報や知識を持っているのか？
・今まで、それだけの経験やキャリアを、積んできているのか？

企画書を作るには、自己分析や自社分析が必要です。しかし、自社分析は簡単ではありません。毎日真剣に頑張っている人ほど自分を客観視できない脳構造だからです。私も自社分析は苦手ですので、過去の仕事を振り返り「自信を持ってやってきたこと」「熱意をもって取り組んだこと」から題材を選んでいます。第1作目の『シングルマザーのための認知、養育費、慰謝料』（九天社）がそうです。

この問題に取り組んだ当初、私は未熟でお客様の依頼に失敗し、うまくいかなかったことがありました。しかもお客様が精神疾患を患い、請求できるものを諦めたのです。それでも「熱意をもって」仕事をやり続け、一定の成果を上げられるようになり、これらをまとめて本を出すことで読者の理解を得られると信じていました。諦めずに仕事に取り組んだことで、「自信が持てる知識や情報」になったのです。**他社にはない自社の技術・知識・情報・熱意が何なのか、**検証してみることです。それを見つけることが出版への第一歩です。

専門家インタビュー

健康器具販売会社で成功され、多数の著書を出版されている臼井由妃さんにお話をお伺いすることができました。

露木　出版の時期については、どのような工夫をされていますか？

臼井　読者がその本に興味を持つ時期に的を絞るのがいいのではないでしょうか？　資格の本ならば、受験を志す人が多い時期です。また、どのくらいの数の潜在需要があるのかあらかじめ調べておくのは当然です。

露木　出版企画書を書くにあたり、気をつけていることはありますか？

臼井　企画書を書くにあたっては、自分の特徴や持ち味を表現すること。マイナスの経験や失敗も含めて他人と違う経験は企画になり得ると思います。

露木　どのような視点で、原稿を書けば良いのでしょうか？

臼井　読者に役立つものであるのはもちろんですが、読みやすく分かりやすいものであること。ひとりよがりの文章や、他からの引用ばかりで具体例が乏しい原稿は、読者の共感を得にくいと思います。私は、ビジネス書においては、この点が特に重要だと考えています。

露木　なるほど。参考になりました。ありがとうございます。

◎臼井由妃（うすい・ゆき）

1958年東京生まれ。経営者・講演者・経営コンサルタントとして活躍する傍ら、数々の難関資格を取得し、その勉強法も注目される。㈱健康プラザコーワ、㈲ドクターユキオフィスの代表取締役。理学博士、健康医科学博士、MBA、行政書士、宅地建物取引主任者、栄養士。

33歳で結婚後、病身の夫の跡を継ぎ会社経営に携わり、次々にヒット商品を企画・開発する。また、独自のビジネス手法により通販業界で成功を収め、借金3億円を抱えた会社を年商23億円の優良企業に変える。

その後は自社のみならず、他社製品でも「売れないものを売れる商品へリメイクする」企画力に、特に高い評価を得ている。その実績がメディアにも注目され、日本テレビの「マネーの虎」出演などにより、全国にその名を知られるようになった。

本の売上を出版前に確定させる方法とは？

続いて、着眼点②「この本を求めている人が3500人いるだろうか？」についてです。今、出版業界は「書籍の電子化」「読者の本離れ」などの影響で業績が低迷しています。例えば2007年4月のことです。私は、出版企画書をリスト先に送付し、1週間後にある出版社から手紙が届きました。8割方は「お断りの返事」が郵送で届きますが、その時の内容は『イエス』『ノー』ではありませんでした。封筒の宛名がいつもと違っていたのです。封筒には「○○出版・破産管財人・××」とあり、中身は「○○出版は3月末日をもちまして営業を停止しました」と書かれていました。出版社リスト（企画が通りやすい出版社をリストアップしたもの）の作成段階では存在した出版社が、送付時点で**この世に存在していなかった**のです。

この原稿を書いている最中にも、ある出版社が経営再建を断念したというニュースが流れてきました。この会社は、過去に何度も10万部超のヒット作を出しており、私の知人にもここから本を出した人がいるので、どうなるか心配しています。ここで重要なのは、**出版企画書を**

書きながら、出版社の事情を知ることです。出版社は「一歩間違えれば破産の憂き目に遭う」危機感と覚悟をもって著者を選定しています。売れる見込みのない著者の本を世に出すことはできません。仮に1冊も売れないとしたら、200～500万円超の赤字を出版社が被ることになります。出版を実現させるには「この企画は本当に売れるのか」を払拭することです。それが解決しなければ、いくら頭を下げても出版社はOKしません。著者が出版社に対して**「実際にどれくらいの売上が見込めるのか」**を説明しなければなりません。

では、出版社に「この企画は売れます」と理解してもらうために何をすれば良いでしょうか？ それは、**会員の個人情報を持っていること、会員にコンタクトできる手段を持っていること**、の2点です。「**数字**」と「**手段**」が、出版社へのアピールポイントになります。なぜなら、会員は「**本の購入見込み客**」になり、見込み客へアプローチすれば、一定の確率で本を購入してもらえるからです。

ところで出版社は一部を除き、エンドユーザー（読者）へのマーケティングを積極的に行っていません。書店やAmazonなど電子書店では、身分証を提示しなくても本を購入できます（一部、ポイントカードなどで属性をデータ化しています）し、全国約1万7000軒の書店で、どこの誰が本を買っているかまで、細かく把握しきれないからです（アンケートやメルマガなどで、リスト化している出版社は除きます）。そこで著者側が、補完するのです。例えば私は、2006年11月に初めて出版企画書を書きましたが、その時点で離婚情報会員を3000人抱え、会員のフルネーム・年齢・性別・住所・電話番号・メールアドレスを把握しました。会員宛に会報を送ることも、メルマガ発行もできます。この会員は、開業から約2年間で集めました（会員数の集め方は第5章参照）が、過去に様々な商品やサービスを購入して頂きました。この会員の後押しが、自社の利益の源泉です。この様なツールを持っていれば「どれだけ売れるのか」根拠をもって説得ができます。ほとんどの著者は執筆のみで、マーケティングには関与しませんが、**販促活動に力を入れる著者は出版社にとって心強い**です。

■本の見込み客を自動的に集める方法とは？

では、どのように購入予定者を用意すれば良いのでしょうか？

詳細は第6章でお話しますが、難しくはありません。**日々仕事に精進すること**です。仕事をこなし、取引先を増やし、あなたを信頼する人を増やすことで、**一人ひとりが本の購入予定者になります**。なお、最初から「本を買ってほしい」と打算的に関係を作る必要はありません。自社商品やサービスを購入してもらえば、見込み客になる信頼関係は生まれるはずです。自社の集客に注力すれば問題ありません。利害関係がなくとも「**あなたが書いた**

本なら買いたい」という人を集めて、企画書を書く前に出版社を納得させる「数字」を用意しておきます。企画書を良く見せるには、主張したいことを冒頭に持ってくるのがセオリーですが、内容より「購入予定者が○○○○人いるからこの企画は売れます」と強調したいのでしたら、企画の始めに盛り込むのが良いでしょう。

一方、いつまでたっても「あなたが書いた本なら買いたい」人の数が何千とならなければ大きな問題です。本業がうまくいっていない可能性があります。本の内容は、経験に裏打ちされた知識や情報です。人数を集められなければ、出版できるレベルになく「着眼点①」を満たせませんので、出版企画書を書くことはお勧めしません。

ところで私の場合、見込み客について企画の前面に出すことに違和感を感じますので、出版企画書の「プロフィール欄」に書き、目立たないところに配置しています（128ページ参照）。

■「本業への跳ね返り」を発生させる原稿の書き方とは？

ここまで、メディア戦略の「出版」について、他媒体にない特徴をお話ししました。出版は「使い方を間違えなければ」優秀な広報媒体ですが、**本の内容によります**。いくら媒体が優秀でも、内容が伴わなければ、望むような結果を得ることはできません。出版は「**諸刃の**

剣」です。……ということで、ここからは原稿の書く際の注意点をみていきます。

◇「本業への跳ね返り」を発生させる題材の決め方

本を書くのに大事なことは「どのような内容の本を」「誰に向けて書くのか」ですが、クロスメディア戦略の目的が「本業への跳ね返り」ですから、**本の読者＝自社の見込み客**になる様にターゲティングする必要があります。重要なのは、**自社の顧客属性を知ること**です。自分の会社はどのような年齢・性別・地域の顧客を抱え、その人たちはどのような問題を抱えているのか？　これがわかれば、本当に本を読んでもらいたい層と内容が見えてきます。

◇「本業への跳ね返り」にどの位の人数が必要なのか？

もし、読者数が決まっているとしたら、**どのくらいの確率で顧客に変わるか**が重要です。例えば読者が5000人として、成約率が10％なら500人、0.3％で15人ですが、その確率は**読者の満足度**によって変わります。満足度とは、読者が「本を読んで悩みが解消した」「問題が解決した」など「**この本を読んで良かった**」と著者に感謝することです。読者は自分に必要だと思えばお金を支払いますし、必要な情報が書かれていれば満足します。戦略を成功させるには、読者に「感謝される本」を書くことです。このように考えますと、社長の自叙伝を出版しても「本業への跳ね返り」は期待できないことが理解できるでしょう。

◇読者が過度に期待するようなタイトル・キャッチコピー・目次はつけない

本のタイトルが大げさで内容が伴っていない場合、読者は著者に対し失望します。例えば、近年はamazonなど電子書店が販売シェアを伸ばしていますが、電子書店は「タイトル買い」が基本です。仮に購入して読み終え「タイトルの割に大したことがなかった」と思った瞬間、提供された内容・サービスは期待を下回り、満足度は低下します。結果、レビュー（読者が、自由に感想を書き込めるページ）が悪口や誹謗中傷で覆い尽くされることになりかねません。いくら部数を稼いでも、あなたにとって良いことはありません。

では、どのように準備しておけば良いのでしょうか？

顧客の心情には、一定の法則があります。それは「**お客様が満足するのは、実際に受けたサービスが事前に抱いていた期待を上回った時**」です。お客様はサービスを受ける前に期待を抱いています。例えばエステなら「1キロ痩せる」「肌がきれいになる」などです。それが、エステを受けたら1.5キロ痩せたとしたらどうでしょうか？　その瞬間、お客様の満足度は急上昇です。クロスメディア戦略の目的は印税ではなく「本業への跳ね返り」で利益を最大化することです。読者の満足度が伴わなければ「本業への跳ね返り」は期待できません。いくら印税が増えても目的が達成されなければ意味がないのです。読者の満足度を高めるには、本のタイトル・キャッチコピー・目次は、**一読で理解できるように**作成する必要があります。

◇あえて失敗例を書く

著者の人柄・経歴・人間性などによりますが、読者は「あなたが失敗をしたこと」「あきらめずに取り組んだこと」「失敗をいかに乗り越えたのか」などが書かれていると、共感を覚えます。というのも、成功話だけを書き連ねると「面識ない相手に自慢話を聞かされる状態」になり、うんざりするからです。クロスメディア戦略の目的が「利益の最大化」という話をすると「いかに自分が凄いのか、崇拝させるか」と間違って解釈される方がいますが、ビジネスではうまくいきません。なぜなら、ビジネスはお金を支払って商品やサービスを買い、**売り手も買い手も対等な関係**だからです。

もし、売り手だけが優位に立って買い手を支配すると、詐欺商法まがいになります。読者は、誰もがうらやむ実績や金額には共感しません。結果、著者に連絡することはありません。原稿は「**読者目線**」で書くべきです。確かに失敗談を書くのは恥ずかしいですが、「**何のために本を書くのか**」思い出しながら羞恥心を抑えて活字にしましょう。

◇本の中で、話の完結を心がける

本文は、一読すれば**読者自身が解決の糸口を見出せるように**します。例えばタイトルが『誰でもわかる保険の見直し』でしたら、読者が一読しただけで保険の見直し方法を知り、保険会社や代理店に問い合わせるポイントがわかることで、**自分で行動を起こすきっかけ作りになるもの**です。

一方、せっかく読んでも「何か隠しているのでは」と不明瞭さ・不親切さが残る内容ですと、読者は不信感を覚えます。一番避けたいのは「続きは2万円の商材に書いてあります」と購買を促すものです。このフレーズを見ると読者は「著者は金儲けしか考えていない」と失望します。例えば『誰でもわかる保険の見直し』の最後に「保険見直しシートは次のURLにアクセス」と書かれ、そのシートを購入するのに2万円のお金が必要だとしたら、あなたはどのように思うでしょうか？

出版の目的は、読者との信頼関係の構築です。本の中でセールスまがいのことをしてしまうと、読者の怒りを買います。「本業の跳ね返り」は、安直にセールスをするものではありません。限られた字数で、**解決の方向性だけ示してあげる**ことです。それならば、200〜300ページでも十分可能でしょう。

◇丁寧の上に丁寧を重ねる

著者は、日々の仕事で得た専門知識や経験を活かして原稿を書きます。一方、読者は十分な知識や経験なく本を読みますので、双方の知識差があると情報が伝わりません。著者が「当たり前」と書いても、読者には「当たり前ではない」からです。著者は読者に対し、配慮しなければなりません。

そのため、**原稿は丁寧の上に丁寧を重ねて書く**ことです。例えば私の場合、ひとつのことを言うのに**同じ内容を3回に分けて**います。表現や言葉を変えて言うことで「面倒臭い」「くどい」とは思わず、むしろ「こんなに言葉を尽くしてくれた」と配慮に感謝し好感を持ってくれます。**著者と読者の「情報格差を」把握しておく**ことが重要です。

◇実例を入れる

問題をどのように解決したか、**5W1H**（いつ、どこで、誰が、何を、なぜ、どうやって）**を意識的に入れる**ことで、リアルな実体験を表現できます。読者は、あなたが何に喜び悲しんでここまで生きてきたのか知り、共鳴します。例えば「離婚相談を受けている人が、夫を刺殺した妻のケースを語る」「企業再生に取り組んだ人が、倒産して離散した家族のケースを語る」「遺産相続の相談を受けた人が、相続で揉めた挙句、担当弁護士を殺害した事件について語る」など、専門家の**「実体験に基づいた話」は、非常に重みがあります。**読者は、あなたが頑張ってきたことに**感情移入します。**

もし、実体験を入れずに抽象論に終始した場合はただの「読み物」になり、あなたの人生に触れることができないため、読者の胸に刺さることはありません。結果、読者との強い信頼関係を築くことはできません。あなたは本職の作家ではありません。**「何のために本を出版するのか」**原点に立ち返ってみましょう。

◇数字を入れる

「実例を入れる」と連動しますが、実例に数字を入れることで、例えば**日付**です。仮にあなたがいつ行動を起こしたのか？　去年なのか？　10年前なのか？　それがはっきりしないと、具体的なイメージが読者に伝わりません。また数字は、**実績**にも使われます。例えば新しいキャンペーンを実施して何件成約したか？　見込み客は何人増えたか？　などです。時に、お客様の個人情報や自社の内部機密の関係でどうしても数字を開示できないこと、お客様または自社に不利益が生じるようでしたら、不開示も仕方がありません。

ただ、数字が伴わない実績は、他人を納得させることができません。実績を客観的に証明できずに信用してもらえないからです。例えば「業界で類まれなる手腕を発揮した」実績も数字で証明できないと、胡散臭いイメージを与えます。私は、本書を含め著書で数字を入れることができる箇所は、極力入れるように意識しています。

■原稿を書き上げる前に、最後のチェックをする

さて、ここまでは「どのように原稿を書いていくか」お話ししました。今度は逆に「いかに原稿に書かないようにするか」という視点です。もし、すでに原稿を書き上げていましたら「見直し」のつもりで読んで頂き、該当箇所があった場合は、その箇所を削除・修整してください。

早速ですが、内容として問題があるのは、次のような場合です。

1. 読者のことを配慮せずに自分勝手な原稿を書き、自己満足で終わる
2. 自分の主張や考え方を相手に押しつける
3. タイトルと内容が著しく異なる

せっかく書店で手にとってもらい、お金を頂き、目を通して頂いたとしても、1～3に該当

すると、あなたに信頼感を持つことはありません。サービスが期待値を上回ることができず、満足感を与えられないからです。むしろ、かえって不信感を抱かせ**出版が逆効果**になります。不満を持った読者は、悪口を言いふらすかもしれません。一体、何がいけないのでしょうか？

これは、読者の立場で考えてみましょう。あなたが今まで読んだ本で「本当に良かった、役に立った」本をイメージして下さい。その本の著者に対して、どのような感情を抱きましたか？　本を読むことで問題が解決し、長年の悩みが解消できた時は、**著者に「感謝」の感情を持ちます**。仮に著者と面識がなくても、本に思わず頭を下げたくなったり、著者に手紙やメールを送ったり、サイトにアクセスしたり、セミナーに参加したり、著者関連グッズを購入したかもしれません。一連の行動は、あなたが本を読み**満足感を持った**からです。その気持ちを忘れなければ1〜3は避けられ、あなたも満足感を与えられる本を出せるでしょう。

今度はあなたの番です。一連の流れを確認して、きちんと戦略をもって取り組めば、出版はセミナーやホームページなど、他媒体にもプラス効果を及ぼします。

■初めての著書を書店に並ばせる方法とは？

さて、ここまでは「いかに出版を実現するのか」という話をしました。これで出版に向けて、イメージが具体化したでしょう。しかし「本を出版して終わり」ではありません。今度は**「どれだけたくさんの人に読んでもらうか」**にシフトする必要があります。なぜなら、出版も広報活動と位置づけると、いかに「自分のことを知ってもらうか」が重要だからです。

読者は、あなたの本をどこで購入するか想像してみましょう。例えば自宅近くの大型書店でしょうか？　それとも出勤途中に立ち寄る駅ビルの有名書店でしょうか？　あるいは自宅にいながら購入できるamazonや楽天ブックスなどの電子書店でしょうか？

仮に初めて書いた本が出版され、記念すべき発売日になった時、近所の書店・駅前書店・電子書店などに、はたしてあなたの本が並ぶでしょうか？　これは大きな問題です。例えば、書店引き出しに入ったままでは、お客様があなたの本を手にとることはありません。何もしなければ、この最悪の事態になる危険があります。

なぜ、このような事態が発生するのでしょうか？

それは、出版業界の流通事情にあり、本は基本的に委託販売です。出版社が書店を経営したり書店に商品を買い切ってもらったりする場合もありますが、少数派です。出版社は、**書店の軒を借りて販売している**ケースがほとんどですので、出版した本がきちんと書店に並ぶかは不確定で、**出版社が販売現場をチェックするには限界があります。**一方、初めて本を出すあなたは、ひとりの無名な著者です。新参者はどの業界でも冷遇されます。「発売日になっても、自分の本が書店に置かれていない」このような話はよく耳にしますが、出版社や取次ではなく**あなたが悪いのです**。書店側の視点で考えればよくわかります。同ジャンルであれば「既に出版歴のある人の本を並べたい」と担当者が考えるのは、ごく普通の流れです。

なぜ担当者は、名前も聞いたことのないあなたの本を注文する必要があるのでしょうか？**書店は、ボランティアで売り場を提供している訳ではなく、**置かれた本が売れて初めて利益が出ます。しかし「知名度もないし……」と諦めてはいけません。もし、あなたがクロスメディア戦略で結果を出したいのでしたら、ダメなものを「はい、そうですか」と受け入れては、現状は改善しません。書店担当者が注文するように、こちらからアプローチする必要があります。クロスメディア戦略は常に「攻め」の姿勢で**「あきらめ」「待ち」は厳禁**です。

■無名の著者が、書店から自力で注文をとる方法とは？

さて、「無名の著者」あなたの本を発売日から店頭に並べてもらうため、担当者にアプローチしますが、方法はいくつかあります。例えば書店にＰＯＰ（立て看板）をプレゼントしたり、書店に出向いて挨拶回りしたりなどですが、これからお話しする方法は「**ＦＡＸ**」です。これは一番確実で簡単です。具体的には、ＦＡＸで書店に向け「新刊が発売されました」とお知らせを送り、これを見た店長や担当者が興味を持ち注文してくれれば、あなたの本は晴れて店頭に置かれます。私はこの方法を２００７年3月に初めて実践しました。そのときの話です。

私は出版関係の書籍・雑誌などを買い漁り「何もしなければ、発売日に店頭に並ばない」ことも承知していました。そこで、ＦＡＸＤＭに着手しました。書店にＦＡＸを送る場合、出版業界の人でなければ業者に依頼するのが良いでしょう。業者に依頼する理由は①独自にリストを作成しても手間と時間がかかり、費用対効果が悪い②一般的なＦＡＸでは、１０００件単位のＦＡＸを送信できない、といった点からです。その時の業者は、次の通りです。ＦＡＸＤＭだけでなく、出版業界の最新情報もまめに更新されますので、一読の価値はあると思います。

日本著者販促センター http://www.1book.co.jp/

私の第1作目のタイトルは、『シングルマザーのための認知、養育費、慰謝料』です。この本のジャンルは「実用書」ですが、小さな書店では「実用書」棚は存在しません。棚がなければ、いくらアプローチしても意味がありませんので、店頭に置いてもらえるのは一定規模を超える書店に限られます。私がいくつか書店を見て回った結果、床面積２００㎡が目安になりました。つまり、２００㎡未満は「いくらアプローチしても仕方がない」、２００㎡以上は「ターゲットになる」ということです。ターゲット書店を限定し、床面積の多い順に５０００店に対してＦＡＸを流しました。その結果、ＦＡＸ送信から2週間で約２００書店約６００冊の注文を頂くことができました。過去に出版実績のある方でしたら1000冊以上の注文も可能と聞きますが、素人が初めて実践した割にはまずまず良い数字だと思います。もし何も行動しなければ、600冊の本は倉庫に眠ったままです。FAX原稿を作る際の着眼点は次の通りです（サンプルは、図1参照）。

◇毎日忙しく棚卸している担当者宛に「なぜ、いきなり送りつけたFAXを読まなければならないのか」理由づけをする

例）重要なお知らせです、至急ご覧下さい。

◇「この本は、類書と何が違うのか」を書く

例）第1作の場合、「無戸籍チルドレン」問題がマスコミ等で話題になっていたため、連動させることで本書がタイムリーな内容であることを強調しました。

◇書店担当者が「注文しても、売れ残ったらどうしよう」と心配していることを払拭するため、他所でキャンペーンを仕掛けている場合は、その実績をアピールする

図1　ＦＡＸ原稿の例

書店各位、ビジネス書・実用書ご担当者様に重要なお知らせです!!

今ニュースで話題の「無戸籍チルドレン」(注)を扱った日本で初めての書籍
不倫問題のタブーに切り込んだ新鋭本！

(注)不倫相手の子を出産した妻。離婚後300日以内に出産した子は元夫の子
となるため、出生届を提出せず、戸籍がない子供のこと。

子供の父親には
妻子がいます

シングルマザーのための
認知、養育費、慰謝料

【著者】露木幸彦（行政書士）【定価】1，890円(内税金90円)【体裁】四六判/268ダ/1色刷

「シングルマザーのための認知、養育費、慰謝料 / 九天社刊」の著者・露木幸彦と申します。
離婚時の子供の養育費に比べ、**不倫の子**には焦点があたっていない。電子書店Amazonで「認知」と検索すると認知症を示し介護関連書籍ばかりです。身近な書籍がないと不倫問題で悩む女性が安価で知識を学ぶことはできません。

実績
電子書店Amazon
20日間連続1位獲得
(ジャンル・離婚3月25日～4月13日)

章構成

第1章　不倫相手の子を妊娠したら
第2章　子どもを強制認知させる方法
第3章　がっちりお金を確保する方法
第4章　実録！不倫相手の子を妊娠した女性の本音とは？
第5章　もらえるものはもらっておく！～母子家庭の支援制度～
第6章　中絶後のアフターフォロー
第7章　不倫の子でも相続できる？
第8章　おわりに～出産、中絶を決める最終確認～

在庫わずか!!

著者紹介

露木幸彦
1980年生まれ。国学院大学出身。離婚に特化し行政書士事務所を開業。サイト「離婚サポート net」は1日訪問者2,300人。メルマガ購読者数4,200人と離婚関連では日本最大(まぐまぐ調べ)。有料セミナー講師実績は多数。開業1年目より相談件数1,600件、離婚協議書120件を達成。専門誌FM局等マスコミ活動も熱心。

ご注文はFax、電話にて承ります。
Fax：03-5652-1502　**Tel:03-5652-1501**
販促物、既刊補充用注文書等のお問合せは、営業部までお願いいたします。

※弊社の書籍は、すべてフリー入帳となっております。

貴店印	冊	注文扱い	好評発売中	株式会社九天社	ISBN　978-4-86167-168-5
				シングルマザーのための認知、養育費、慰謝料 ～子供の父親には妻子がいます～ 四六判　定価1,890円(税込)	

例）電子書店amazon 20日連続1位獲得！

◇希少性を知ってもらうことや、担当者宛に「なぜ貴重な時間を注文に割かなければならないのか」を文面で動機づけし、注文を急かす

例）在庫わずか、お早めに。

ＦＡＸＤＭ成功の鍵は「どうやって担当者に興味を持ってもらうか」「どうやって注文をしてもらうか」です。

■出版することで「本業への跳ね返り」を確実に発生させる

「出版は使い方を間違えなければ、優秀な広報媒体」と以前お話ししました。確かに**本は優秀な集客ツール**です。これは対面セールスと比較するとわかりやすいでしょう。通常、セールスでは「初回の挨拶から始まり、世間話で信頼関係を築き、商品を案内して最後に購入を促す」という一連の流れですが、当然「**人件費**」がかかります。また、何度も対面するため「**時間**」もかかります。しかし本の場合、人件費はかかりませんし、担当者が時間をかけることもありません。お客様がお金を支払い、読書時間はお客様自身の時間です。通常のセールスでネックとなるお金と時間は、本を読んでもらうことで負担がゼロです。そうした点で本は、挨拶から信頼関係の構築・商品説明・クロージングまで1冊で行ってくれるといえるでしょう。

では、本を読んだお客様は具体的に、どのような**行動**をとるのでしょうか？

本を購入して内容を一読し、著者または著者の会社に興味を持たれた方は、コンタクトをとります。方法は「サイトを見る」「メールを送る」「手紙を送る」「いきなり電話する」などです。私の経験上ですが、コンタクトをとる方は、始めから商品やサービスを購入するつもりでいます。なぜなら、通常のセールスで障害になることが本を読むことですべて解消されるからです。

なおセールスの場合、成約するまでに発生する**障害**は、大きく3つあります。

①無理な値引きを強要されないか
②契約書にサインしてくれるか
③期限までに、お金を支払ってくれるか

お客様に値段を提示し、成約して支払いまで、この過程がいかに大変なことかおわかりでしょうか？　というのも、金額を決めるのも契約書にサインするのも、お金を払うのもお客様はこちらが言った通りに行動してくれないからです。担当者は非常に神経を使います。そう考えますと、本を経由したコンタクトがセールスに比べていかに恵まれているかわかります。

一方、私の経験を交え、購読者の購買行動を３つの障害に照らし合わせて見ていきます。

①「無理な値引きを強要されないか」

お客様は最初からお金を払うつもりですので、値引きとは無縁です。私は、今まで本を経由して成約された方から、金額を値引きするように要求されたことはありません。逆に「本当にこの値段で良いのか」と、もっとお金を払って構わないと打診されたことは、何回もあります。

②「契約書にサインしてくれるか」

お客様は、サイトや資料請求によって、どのような商品・サービスを提供しているのか既に知っています。しかも、初めから購入するつもりですので、何のためらいもなく契約書や申込フォームにサインしてくれます。時に商品説明も必要ありません。

③「期限までに、お金を支払ってくれるか」

一般のお客様と比べると、差は歴然です。一般の方は期限ぎりぎりまで支払わず、こちらが督促して入金されることもありますが、本を経由した場合、ほとんどは申込み日に銀行振込を行っていました。中にはお客様から「もう振り込みましたよ」と連絡を頂くこともありました。

なぜ、お客様は本を読むと「セールスの障害を解消した状態で」目の前に現れるのでしょうか？　しかも、著者に好都合の条件をもたらしてくれるのでしょうか？

私はその理由が、2つあると考えています。ひとつは「**信頼の構築**」です。お客様が本を読むことで得るのは、専門知識や情報だけではありません。本には「著者が普段どのような生活をしているのか」「何の問題に取り組んでいるのか」も書かれています。そこで読者は、著者の人柄・経歴・人間性なども知ることになります。一読した結果「この人は本当に信頼できる」と思えば著者宛に連絡をするでしょうし、逆に「何かうさんくさい人だ」と思えばそれっきりです。既に顧客の「ふるい分け」が完了しています。**連絡をくれた人は優良顧客**です。

もうひとつは「**商品購買への抵抗感の除去**」です。具体的には、セールスの常套手段で、**アップセル**、又は**2ステップ法**という方法が当てはまります。これはまず、商品を売る際にすぐ手に入る安価な商品＝「きっかけ商品」と、自社のメイン商品＝「本当に売りたい商品」を設定し、「本当に売りたい商品」がやや高い場合に用いられます。そして「きっかけ商品」を購入してもらうことでお金を出すことへのためらい・ハードルを下げてから「本当に売りたい商品」を紹介するのです。いきなり高額商品を勧められる場合に比べ、抵抗感を引き下げることができます。例えば私の場合、「本当に売りたい商品」は「書類の作成」で料金は8万円です。これは一般の方をターゲットにしている割に金額が高く、いきなりこのサービスを購入するには抵抗感があります。そこで、本を「きっかけ商品」にします。本の値段を1500円としますと、本を購入してからこのサービスを購入した場合、私にお金を出した金額は、1500円から8万円になります（本の代金は著者が受け取るものではなく、そのうちの何％かを印税として受け取りますが、お客様にとっては著者に1500円を支払ったと思っています）。この場合、いきなり0円から8万円にジャンプアップするよりも、心理的負担は少ないです。

なお、この辺りは**戦略論**ですので、初めて聞く方にとってはピンとこないかもしれませんが、ご自身で体験することでよりリアルに感じることでしょう。出版の場合は特に意識をしなくても、**自動的に2ステップ法が仕組まれています**。本書の戦略を自ら取り組むことで、面識のない、名前も知らないお客様から突然電話を頂き、さも10年来の親友の様に親しげに話をして、喜んで商品を購入して頂く。これは、ビジネスパーソンとして一番嬉しい瞬間でしょう。出版の実現で、毎日のようにこの瞬間が訪れます。

■出版することで生まれる「見えない圧力」を知っておく

ここまでは、出版のメリットをお話ししてきました。効果は、利益向上・知名度向上・見込み客の獲得など多方面に渡り自社の成長を加速させます。ただし「出版を実現すれば、全てがハッピー」とはなりません。裏の側面もあります。出版に限らず、ビジネスでは仕事が大きければ大きいほど、他人に与える影響も大きくなります。もちろん良い影響であれば問題ありませんが、思わぬトラブルを抱えることがあります。その点について触れたいと思います。

出版には、弱点があります。それは、**読者が特定できない**ことです。書店で本を購入する際、本人確認を求められることはありません。よって、自分の本を誰が読むのか完全に把握することはできません。匿名性は著者に恐怖を与えます。例えば、専門家が知識や情報をまとめて出版する場合、本のジャンルは「実用書」になりますが、購入する人は自分の抱えている悩みを解決したい時です。一方で実用書は、本に書かれている「○○在住の××さん」だから解決できたものの、専門家が指示した通りに実践してもうまくいかないことがあります。周囲の環境や個人の能力、抱えている問題の程度によって対処法は異なるからです。これを当然のように書いていますが、読者はそう思いません。「本の内容が全てではない」ことを知っているのは、著者だけです。読者の中に「この本を読めば、すべてがうまくいく」と強い期待を抱き、「本を読めば、後は何もしなくて良い」と本に依存し過ぎる人がいることも確かです。**読者が本に寄せる期待度・依存度には、個人差があります。**そのため、本の内容に何ら落ち度がなかったとしても、読者から厳しい仕打ちを受けることになります。具体的には、

- **出版社にクレームの電話が入る**
- **著者の悪口を言いふらす**
- **著者に対し裁判を起こし、慰謝料を請求する**

などが考えられます。著者と読者が顔を合わせていないからこそ、常軌を逸した読者は過激な行動に走るのです。匿名性のネット犯罪が社会問題になっていることと、原理は同じです。

ところで先日、ある出版社の編集長から怖い話を聞きました。この会社は以前『1日で〇〇〇万円儲かる』という本を出版しました。「お金儲けの本」はいつの時代でも売れ筋ですが、どうしても胡散臭さがつきまといがちです。そのため、編集会議でも慎重に選別して出版を決定するそうです。今回、執筆の過程で「著者が本当に儲かっているのか」通帳や伝票など入念にチェックしながら編集を進め、きちんと証拠を集めて著者を信用し、出版に踏み切りました。

しかし、発売されたところ大変な騒ぎになりました。読者から大量のクレームが届いたので

す。「こんなのインチキだ」「著者は詐欺師だ」などと、担当編集者は何日も受話器とパソコンに釘づけになりました。基本的に出版社は本の内容に責任を負わないとはいえ、そのまま放置するわけにもいきません。担当者はクレーム1件1件に対応し、業務をストップせざるを得ませんでした。

このような事態になると、何のためにわざわざ出版したのかわかりませんが、本の販売システムを変えない限り、クレームをゼロに、リスクを完全に回避することは不可能です。

しかし、リスクを承知かどうかで、心の持ちようは大きく変わってきます。そんな時の心の支えは、**仕事に対する思い入れやプライド**です。「自分はこれだけやった」気持ちがあれば、多少の誹謗中傷で心は折れません。本当に「世に出して恥じない」と考える情報や知識に限定して、活字にすることです。専門外のことを知ったかぶりで語る必要はありません。自身の専門分野について、「この一文を入れることで、読者の感情を刺激しないか？　誤った解釈をされて、トラブルを引き起こさないか？」と、細心の注意を払う必要があります。私自身、読者からのクレームはありませんが、執筆を始める度に先の話を思い出し、気を引き締めています。

■「本業への跳ね返り」と「リスク回避」を同時に目指す

「自分は読者に刺されるかも」

極端ですが、私は恐怖を感じながら執筆に当たっています。また、執筆中に吐き気を催し、急な腹痛でトイレに駆け込むことも、貧血で何日も寝込んだこともあります。ここまで読まれて「そこまで自分を追い詰めて書く必要はないじゃないか」「そんなに出版は苦しいのか」などと思われるかもしれません。出版に取り組む姿勢は著者によって異なるでしょうが、私はその位の真剣さを持って丁度良いと思います。「とにかくできる限り努力して、それでも読者の期待に応えられないとしたら、仕方がない……」出版のリスクは完全に回避できないので、それが最良の方法です。リスク回避は自分のためですが、視線は読者の方に向けなくてはいけません。**出版に対する真剣さや熱意は、読者にしっかりと伝わります。**

逆にいえば、物事に一生懸命取り組んでいる人には、少し不満を持っていたとしても文句を言いにくいものです。著者は、リスクを抱えながら「自分は大きな仕事をしている」と自覚をもって取り組む姿勢が求められます。そして高レベルの原稿を書くことで、読者の満足度も向上し、本業への跳ね返りアップとなり、巡り巡って自社の利益に繋がるのです。多少体調を崩すくらいの努力をしても、「利益」という形で還元されるのであれば、一層頑張って執筆に取り組めることでしょう。

■出版後6ヶ月で印税の6倍を得る方法とは？

ここまでは「出版を実現する方法」「著書を書店に並べてもらう方法」「読者を顧客に変える方法」などの**方法論**ですが、続いて私がどのような活動を行ってきたのかの**実践論**です。

◇出版社にOKをもらう題材の決め方

私が初めて出版戦略に取り組んだ時、結果は悲惨でした。初めて出版企画書を書こうと決めたのは2006年9月。企画書が完成し、出版社に送付したのは11月です。A4用紙10枚の企画書を作るのに、2ヶ月もかかってしまいました。

なぜ、こんなに苦戦したのでしょうか?

私が経営している会社のひとつに行政書士事務所がありますが、離婚の相談業務、書類作成などを行っています。属している業界は「離婚分野」ですので、出版の題材を決める際、「**離婚本**」を書くのが一番自然なことです。しかし、離婚本の出版は困難でした。なぜなら、すでに50種類以上の「離婚本」が出回り、著者にはテレビで大人気の弁護士や業界歴20年以上の離婚カウンセラー、当選3回の国会議員など、そうそうたる顔ぶれが並んでいたからです。開業1年目の私が、立ち打ちできる相手ではありません。企画書作成段階でこの事実を知り、愕然としました。「こんな状況では到底、出版できそうにない」「道理で同業者に出版実績がないはずだ」離婚分野を選択した時点で、すでに泥沼にはまっていたのです。出版を実現するには、出版社に「類書より、私の本の方が断然売れますよ」と説得材料が必要です。しかし、そのような「**ネタ**」も持ち合わせていません。結果、離婚本の企画は形になりませんでした。

この時点で**一旦、出版を諦めました**。立ち直るまでに2ヶ月も要したのです。出版の先延ばしも、ひとつの方法です。ライバルと肩を並べる程十分な実績と知名度を得るまで「**待機する**」戦法です。しかし、それでは**何年、何十年かかるかわかりません**。出版は、そこまで敷居の高いものでしょうか？　業界1位の人間にしか許されない特権でしょうか？　いろいろ考えた末、私は11月に改めて作成した企画書を足がかりに、翌年3月には商業出版を実現しました。もちろん、この2ヶ月で急激に実績を積み、業界1位に輝いた訳ではありません。

では実績が十分でない私は、どのように企画書を書いたのか？　仮に「私はこんなに凄いです」と実績を並べる企画書を作ろうとしても、私には同業他社に比べて凄い所はありません。ただし、それはあくまで「離婚本」の話ですから、出版の題材が離婚本でなければ良いのです。

私はどのようにして「離婚以外の題材」を見つけてきたのでしょうか？

私は「**中小企業の経営戦略**」をそのまま出版に当てはめました。それは、狭いけれども大企業が相手にしない分野で活躍する、というものです（**ニッチ戦略**）。今回、大企業はテレビでおなじみの有名弁護士です。彼と同じ「離婚本」で勝負しても、世間の認知度・知名度が違うので勝負になりません。

では、本の目先をニッチ分野に変えると、どのような内容が考えられるでしょうか？「離婚」といっても、離婚原因には浮気、暴力、金銭問題など様々です。従来の離婚本は、浮気も暴力も金銭問題も「ごった煮」になっていて、これまで浮気専門、暴力専門の本は存在しませんでした……と言いたいところですが、調べてみると、浮気専門本、暴力専門本も出版されていました。「離婚原因別の本」はニッチ分野ですが、ライバルは触手を伸ばしていたのです。それでも、私は諦めませんでした。頭の中から捻り出したのはさらにニッチな内容です。つまり離婚本でも、浮気本でもない、さらに読者層を絞った分野です。「離婚→浮気→不倫相手が妊娠」と絞込みをかけました。「**既婚者と交際をし、妊娠した女性が読む本**」です。

なぜこのような絞込みが可能だったのでしょうか？

私は2005年10月から1年間に、「既婚者と交際をし、妊娠した女性」の相談を145件受けていました。あまりに相談が多いのでサービスを定型化、商品化した程です。

「愛人の子の認知請求サービス」http://www.tuyuki-office.jp/rikon336.html

相談当事者は若年者が多く、私と年齢が近いために相談しやすかったようです。私は自分の目で生の相談者を見ていて、何に悩みどのような問題を抱えているのか承知していました。

こうして、私は題材を絞りました。

◇「購入までの早さ」を比較する

「購入までの早さ」とは、読者が本の目次を吟味して購入するまでの**時間の早さ**のことです。時間の短縮には、読者が今日明日に必要な内容が盛り込まれていることが大事です。それは、離婚本と対比すればわかりやすいでしょう。離婚本は、基本的に離婚しようか迷っている人が読みますが、離婚原因のほとんどは性格の不一致です。離婚を決断するまでいろいろあるにしても、今日明日決めるものではありません。したがって、離婚を急かされなければ本の購入を急ぐこともありません。読者がいつ本を手に取るかわからない状況は、出版社としては困ります。一方、今回企画した本は、既婚者の子を身ごもり、出産か中絶か迷っている女性が読むものです。女性は、これ以上経過すると中絶できなくなる3ヶ月以内に判断しなければなりません。判断材料は出産と中絶のメリットとデメリットです。女性は出産と中絶を天秤にかけ、闇雲に決めるのではなく事前に知識を頭に入れて判断する場合、3ヶ月以内に本を手に取ります。

◇ジャーナリズムに訴える

49ページにあるように、テレビや新聞などメディアは、**ジャーナリズム機能**があります。現状の制度や法律が100％機能していませんので、改善の余地がある場合は映像や紙面を使って、制度や法律を変えることができる国会議員、地方議員、業界のオピニオンリーダーに対し、「ここがおかしいじゃないか」というメッセージや改善方法を訴えていきます。

では、出版社はどうでしょうか？　出版社も「紙面を使う」意味でひとつのメディアですから、**ジャーナリズムを盛り込んだ企画書は有効**です。ただ書籍は、新聞や雑誌と違って広告収入がありませんので、本の売上も重視して企画を吟味します。この企画では、問題に直面している人の声「既婚者の子を妊娠したという理由で、冷遇されています。救済して下さい」を届けることがジャーナリズムです。私は、問題を1つひとつ解決して信頼関係を構築していますので、当事者にインタビューを引き受けてもらい、掲載を許可してもらうことが可能です。

◇類書がないこと

ジャーナリズムと若干重複しますが、**類書がない**ことがポイントです。「類書がない」とは、他に似た内容の本が出版されていないことですが、企画書が目新しいから良いという意味ではありません。問題当事者に出版社が手を差し伸べていない場合、「こんな社会問題が存在するけど、一緒に協力して解決に取り組みませんか？」と**出版社に提案すること**が特徴です。

◇企画書を送付した後のスケジュール

企画書を送付した後のスケジュールは、次の通りです。

・2006年11月末、出版社と正式に契約し、執筆開始
・2007年1月始め、原稿書き上げ（本書もそうですが、年末年始の執筆が多いです）
・2007年3月末、発売

驚くことに、発売日に読者から1件問い合わせがあり、その後も毎月6～10件頂き、ほとんどが本業に結びつきました。売上ベースにすると、発売から6ヶ月を経過した時点で、**「本業への跳ね返り」は印税の6倍の金額に**達しています。この本は普遍的なテーマですので、効果は当面続くでしょう。私の会社は、毎月それほど売上のブレはありませんが、2007年12月のデータでは、全売上構成比のうち、2割は本経由です。もし出版していなかったら売上が2割落ち込んだ計算ですので、本業に大きな影響を与えたことでしょう。このように、出版を実現しただけでそれなりの効果があります。そこで満足する方は、この段階でも構いません。

しかし、さらなる「高み」を目指す方は、第6章でクロスメディア戦略の本質をご理解頂き、

他のツールを結びつけて出版の利益を最大化させて頂きたいと思います。

最後は、実際に私が使用した参考資料です。考えるヒントにして頂けますと、幸いです。

【参考：2006年11月に作成した出版企画書（『シングルマザーのための認知、養育費、慰謝料』）の文面】

1．タイトル
「(仮）愛人の子を認知させる方法」～愛する男性の子を身ごもった女性。なぜ出産に踏み切るのか、赤ん坊をあきらめるのか～

2．企画の趣旨
この企画は妻子ある男性の子を妊娠した女性に対し、法律知識、交渉術を伝授するものです。具体的には男性に対し、子供の認知請求をし、養育費をもらい、慰謝料の肩代わりをさせる方法です。

離婚時の夫婦の子供の養育費に比べ、愛人の子には焦点があたっていない。電子書店amazonで「認知」というキーワードで検索すると認知症を示し、介護関連の書籍ばかりです。身近な書籍がないと不倫の問題で悩まれている女性が安価で知識を学ぶことはできません。

当事務所では17年10月から1年間に渡り「愛人の子の問題」の有料相談を145件担当しました。出産した件数が82件、中絶した件数が63件。

愛人の子の問題は利害関係が多く、複雑です。認知をしないと養育費をもらえない、認知をすると本妻（男性の妻）から不貞行為の慰謝料を請求される。妊娠した女性はジレンマを抱えています。

日本テレビ系ドラマ「14歳の母」は未婚出産で男女間の問題です。一方、「愛人の子の問題」は本妻からの慰謝料請求という要素が加わるため、余計に決断を難しくします。

愛する男性の子を身ごもっても、それは不貞行為の結果です。認知をすれば男性の戸籍に「妻以外の子を認知した事実」が記載されます。本妻が戸籍を見た時点で女性は不貞行為の慰謝料を請求される危険があります。妊娠出産した場合の慰謝料相場は最低でも200万円ですから、育児をする女性には支払いが難しい。

女性が出産するか、中絶するか決める際、法律だけではなく、本人の気持ちが判断基準になる事例も多い。本書では当事務所で実際に相談、解決された方に取材をし、生の意見を掲載します。取材対象は胎児認知をし、養育費の確約をして出産にのぞんだ女性、直前まで出産するつもりが妊娠4ヶ月目で中絶した女性など。机上の法律論ではなく、女性は現場の心情心理を事前に知ることができます。

中絶を決断した時点で覚悟が必要です。中絶手術後、女性は精神状態が不安定になり、うつ病やＰＴＳＤを発症するケースが多い。当事務所に相談された女性のなかでは手術前は男性に金銭請求すると意気込んでいたのに、手術後、泣き寝入りしてしまう事例も。手術後の手続、精神状態を、手術前に知ってもらうため、あえて本書に盛り込みます。

3．企画の特徴

■女性が出産するか中絶するか決める際の判断基準になる。出産後の状況、中絶後の状況を比較することができます。

■女性にとって「自分と同じ事情」の類型を事前に知ることができる。当事務所に相談された方を取材し、女性がなぜ出産または中絶に踏み切ったのかを掲載します。

■女性が妊娠、中絶の決定をした後のフォローを大事にしている。出産を決意した場合は安心して子育てができるよう、養育費、慰謝料などの取り決めを法的文書に残すこと。中絶を決意した場合は、手術後の精神面のケア、男性への金銭請求、役所への書類提出をフォローします。

■本書の記載内容は当事務所に相談され、実際に相談の多かったものが中心である。

■この1冊を読めば、「愛人の子の問題」の知識をすべて得ることができる。男性が亡くなるまで母子が体験する出来事を時系列に書いていきます。妊娠から出産、子供が20歳の養育費、男性逝去時の相続まで網羅します。

4．露木幸彦のプロフィール

1980年生まれ。国学院大学出身。

金融機関の融資担当時代は住宅ローンのトップセールス。

離婚に特化し、行政書士事務所を開業。サイト「離婚サポートnet」は1日訪問者1600人。事務所発行メルマガは購読者3000人と離婚関連では日本最大。有料セミナー講師実績は多数。

開業1年目より相談件数1600件、離婚協議書120件を達成した。専門誌、FM局などマスコミ活動も熱心

専門家インタビュー

労働問題の専門家で社会保険労務士として、出版活動でも活躍されている長沢有紀さんにお話をお伺いすることができました。

露木　長沢さんは、2006年9月に『女性社労士 年収2000万円をめざす』を出版されていますが、実際に本を出版してみて周りの反応はいかがでしたか？

長沢　本を出版して6ヶ月くらいは、ほとんど反響がありませんでしたが、1年経った頃から、読者から声をかけて頂けるようになりました。

露木　読者の方から声をかけて頂き、そのつながりで仕事に結びついたことはありますか？

長沢　本を出すことによって、今までは社労士が関与先として入りにくかった大企業と顧問契約を結ぶことができました。それまでは社労士に任せることに慎重な会社も、本が名刺代わりになって私の人柄や実績を知ってもらうことができたからです。本を出さなければ、なかなか（成約は）難しかったと思います。本には念押しの効果がありますね。

露木　本を出版すると、思わぬ反響もありますよね？

長沢　この本には、私がこの仕事を15年続けてきて、仕事に対する思いや熱意を書きましたが、それなりに自分のブログやamazonのレビューに悪口を書かれ、落ち込むこともありました。でも、その一方で心が熱くなる、感謝の手紙やメールも届くので、そういう悪口はあまり気にしないようにしています

露木　なるほど。参考になりました。ありがとうございます。

◎長沢有紀（ながさわ・ゆき）

長沢社会保険労務士事務所代表。社会保険労務士、行政書士。1969年東京都生まれ。名門社労士事務所に勤務後、平成6年8月、25歳にて長沢社会保険労務士事務所を開設。約100社の顧問先を抱えており、社長の頼りになる相談役として好評を得ている。また、労働問題を中心にコンサルティング業務を行っており、「会社、労働者ともに傷つかない解決」をモットーとしており、柔軟に労使問題を解決に導いている。著書に『女性社労士　年収2000万円をめざす』（同文舘出版）がある。

長沢社会保険労務士事務所　http://www.roumushi.jp/

第4章

講演料をもらい
商品を紹介する方法
〈セミナー〉

■クロスメディア戦略にセミナーを組み込む意味とは？

ここまで「プレスリリース」「出版」を使ってメディアにアプローチする方法をお話ししましたが、私はそれ以外に「セミナー」「ホームページ」で活動しています。この4つは、1つひとつ単独で使っても効果を発揮しますが、他媒体を意識してトータル戦略を立てることで、思わぬ波及効果を生むのです。例えば、**プレスリリースとセミナーは相性が抜群**です。両方を同時に使うことで、効果をより向上させます。仮に、新聞社へプレスリリースを送る際、私は一緒に最近行ったセミナーの内容と写真を同封しました。写真は、家庭用プリンターで印刷したものです。後日「頻繁にセミナーをされているようですが、次回はいつでしょうか？」と記者から問い合わせがあり、セミナーを撮影したいという依頼でした。離婚セミナーが珍しかったのかもしれません。あいにく、以後3ヶ月は予定がありませんでしたが「それでも」と記者はインタビューのため、わざわざ私の事務所まで訪問してくれました。

数ある同業他社の中から、なぜ記者は私を選んだのでしょうか？

それは、セミナーの内容と写真が**私と記者との距離を縮める**からです。一般的に記者は、私のような「若輩者でお調子者」ばかりを取材している訳ではなく、大学教授や上場企業の代表取締役、議員など専門職の人を相手にしています。そのため取材対象に「人の話を聞かずに

図1　2006年1月開催「5年間の法改正が2時間で分かるスペシャル勉強会」当日の風景写真

専門用語を連発し、とっつきにくい」イメージを持っています。また、記者は「読者が聞きたい話を引き出せるか?」と不安を抱えていますので、面識がない相手に取材する場合「無駄足にならないか」と思っています。その点セミナー実績は、記者に安心感や信頼感を与えます。なぜ、セミナー実績があると、うまくいくのでしょうか?

セミナーの目的は、参加者を満足させることです。そのため、専門知識をわかりやすくする必要がありますが、セミナーを何度も開催した実績は、**理解させる技術を持っている**ことを意味します。したがって、リリースにセミナー実績を同封することで記者に能力を認めてもらい、距離が縮まります。これが、プレスリリースとセミナーの相性の良さです。ところでセミナーの波及効果について、注意点があります。セミナー実績はあくまでも他社との差別化で、記事掲載の決定要件ではありません。というのも、いくらすばらしい実績があっても、プレスリリースの内容がお話にならなければ、取り上げてもらえないからです。**セミナー実績は「セミナーをやったことのない人」との差別化**で、それ以上ではありません。

また、セミナー実績は「出版」にも良い影響を及ぼします。私が2作目の本を出版する際、編集担当者から「今度セミナーをやるらしいけど、レジュメを見せてもらえますか?」と尋ねられました。担当者の真意は、セミナーの内容を知ることではありません。88ページで述べたように、担当者が見るのは「**この本が売れるかどうか**」で、「**セミナーの場で、本を買**

ってもらえるかどうか」判断するためです。つまり「セミナー会場で即売会」を意味します。例えば、セミナーを年間10回行い1回で30冊販売とすると、1年間で300冊となります。出版社からみれば**本の販路を書店以外にもうひとつ持つことができるため**、「セミナーをやる著者」は好印象です。もちろん、いくらセミナーを開催していたからといって、企画書に興味を持ってもらえなければ出版のGOサインは出ません。そういう意味で、企画書の中身＝メインの具材、セミナー実績＝スパイスです。

このように、セミナーが「プレスリリース」や「出版」の援護射撃をしてくれます。繰り返しますが、**クロスメディア戦略が４媒体にまたがっているのは、４つとも実践することで相乗効果が見込めるから**です。この戦略は、どれかに偏らずに一通り実践してみることです。全て思い通りかどうかは別として、期待するだけの結果はついてきます。

それでは、次からはセミナーを使った広報戦略についてお話しします。

■セミナー成功までの順序を知っておく

ここからは、セミナー実施への準備についてです。ひとつのセミナーを開催するまでの流れは、次のようになります。

1．セミナーの会場を押さえる
2．講演内容を準備する
3．参加者を集客し、お金を頂く
4．セミナー当日、あなたが壇上に立ち、講演をする

まず、1について。初歩的な話ですが、セミナーを開催するには指定の日付・時間に、会場を押さえることから始まります。会場はおおよそ2つに分かれます。ひとつは、公共団体が運営管理するものです。例えば市民センター、労働ホールなど、会場の料金は安いですが、貸し出してくれる備品が限られています。もうひとつは、民間の会社が運営管理するものです。例えば、会議室専門の会社もありますし、不動産業者やトランクルームの業者が兼営していることもあります。会場の料金は公共施設より高いですが、必要な備品はほぼ揃っています。

私は、2005年12月に初めて自社主催のセミナーを開催し、その時は民間の会場で30人席、2時間2万円でした。しかし2007年6月以降、公共の施設しか使っていません。

なぜ途中で切り替えたのでしょうか？

私は、先入観で会場選びを間違えていました。2005年に初めてセミナーを開催する際、「公共施設は汚くて狭くて、対応も最悪だろう」と思っていました。当時、政治の世界では小泉改革の真っ只中。「民は善」「官は悪」という風潮に私も影響され、公共施設を試さずに民間

施設を使っていました。今思えば、施設の概要や料金はパソコンでも比べられたのですが……。

ある時、それが私の勝手な思い込みであると気づきました。知人の入れ知恵で、当時使っていた横浜の民間セミナールームの隣に、神奈川県運営の貸会議室を知ったのです。料金が民間に比べて9分の1でした。もし1回使ってみて「汚くて狭くて、対応も最悪」だったら、二度と利用しなければ良いだけの話ですので、試しに1回使ってみることにしましたが、会場に入るなりびっくりしました。駅前が一望できる15階で、机・椅子・ホワイトボードは新品そのもの、窓口の対応もまずまずでした。民間と同じ好立地（駅から徒歩3分）でしたらこちらを使わない手はありません。それからはセミナーや出張相談会で左記を使っています。

「かながわ県民活動サポートセンター」　http://www.kvsc.pref.kanagawa.jp/index.html

ところで私の場合、離婚問題の相談や講演なので「豪華な設備」「華やかな雰囲気」は必要ありません。というのも、問題当事者はピカピカの椅子や机、駅前を一望できる景色を求めていないからです。もし仮に、あなたのセミナー想定参加者が富裕層や会社経営者でしたら、無線LAN機能や美人の受付嬢、フリードリンクなどが必要になるかもしれません。そうすると、公共の施設では対応できませんので、希望を満たす民間施設を探すことです。**セミナーに最適な会場は、目的や参加者の属性によって変わります**。もちろん、それぞれの施設は特徴が異なります。直接、施設に足を運んでみるのが良いでしょう。

■なぜ素人がセミナーをやってしまっても良いのか？

会場が決まったら、次は2「講演内容を準備する」です。セミナー当日「参加者にどのようなメッセージを伝えるか？」考えますが、「自分は、売れっ子芸能人でも有名大学の教授でもない。人前で話す題材などない」と心配でしょう。それに対して、この一言をお伝えします。**芸能人や大学教授でなくても十分、セミナーを成功させることはできます。**

あなたが真の意味で「どこにでもいる人間」でしたら、セミナーを成功させることはできませんが、成功の条件はひとつだけです。それは、**「毎日仕事に邁進し、心血を注いでいるかどうか」**です。もし、あなたが日頃から仕事に熱心に取り組んでいるのでしたら、何かひとつは独自の知識や専門情報を手に入れているはずです。それは、あなたの実体験から習得した「我流」で、他人は決して身につけることができませんし、**全く同じ才能・能力・キャリアを持った人間は2人と存在しない**のです。ありきたりですが、人間が100人いれば100通りの人生があり、それぞれ生まれ持った才能や能力、キャリアは違います。ビジネスに真剣に取り組んでいれば、あなたはすでに「どこにでもいる人間」ではありません。自信を持って講演することで、真剣に取り組む姿勢が参加者に伝わり、影響を及ぼすことができます。**自分が自信を持って提供できる内容を、セミナーの題材に据える**ことです。

ところで「独自の知識や専門の情報」は、例えば次のようなものを言います。

・職業が心理カウンセラーやセラピスト→「不倫しかできなくなってしまった女性が、正常な恋愛ができるようになるための3ヶ月間ステップアップ法」など

・行政書士→「借金の分割弁済について」「支払遅延から全額回収までの間、一定の損害金を設定できる公正証書の作成方法」など

・探偵→「住民票を移さず逃げ回っている元夫を、公的書類に頼らず見つけ出す方法」など

これらは、実際に知人でセミナーを成功させた人たちが選んだ題材ですが、こうした専門的な情報は一定の価値があります。価値ある情報は何も、芸能人のスキャンダルや裏ネタだけではありません。専門分野に特化してその分野を掘り下げたものです。ただし、題材の設定を間違えると他人との差別化ができません。先の例でいえば、心理カウンセラーの「精神疾患の特徴と回復方法」、行政書士の「公正証書の作成方法」、探偵の「盗聴器を見破る方法」といった内容はありふれていて、あなたが苦労して手に入れた知識や情報かどうか一般の方には判別できません。「情報の価値」は、**「セミナーにお客様を呼ぶことができる」**という意味ですが、いい加減にセミナーの内容を決めても、参加者にはメッセージが伝わらずに満足してもらうことができないので、いざこの戦略を実践してもクレームのもとになります。**どんな分野でもそこそこの結果が出せる人は、その器用さが本書の戦略ではアダになる**のです。

■ワンクリックでセミナーの参加者を集める方法とは？

さて、セミナーを開催に当たり、会場が決まり講演内容ができましたら、次は3「参加者を集客し、お金を頂く」です。ここでは「集客」、参加者を集めることについてお話しします。現時点で「○月○日セミナー開催」を知っているのは、あなたひとり。待っているだけでは参加者が集まりません。会場を埋めるには、①セミナーに来てくれそうな人に②セミナーに参加するようにアプローチする必要があります。この流れは一般的なマーケティングと同じで、①は「**見込み客リスト**」、②は「**適切なメッセージ**」を指します。なお、集客に広告を出す方法もありますが、ここでは自社の顧客に対しアプローチする方法をお話しします。

まず①ですが、「あなたの会社がどのような顧客データを作っているか」で変わってきます。この場合のリストは「セミナーに来てくれそうな人」ですから、セミナー内容と関係ないリストは活用できません（リスト作成にはお金がかかります。第5章参照）。私の場合、メールマガジン（以下、メルマガ）で見込み客リストを持っています。メルマガは、電子メールを使っていつでも好きな時に、登録されたメールアドレス宛にコンタクトができる媒体です。情報発信側としては、文章を作成して送信する作業を行いますが、文章作成以外に手間はかからず、情報発パソコンを1回クリックすれば、何千人にも情報発信できます。もちろん、**発信にお金はか**

かりません。現時点で、メルマガは一番安価で早く簡単に情報発信できるツールです。

参考までに、私のメルマガリストです（２００８年2月5日現在、数字は概算）。

A「これから離婚する人、すでに離婚した人」　６５００人

B「子供を中絶した人」　２００人

C「中小企業経営者でメディア戦略に興味がある人」　２８０人

仮に、離婚セミナーを行う予定でCにアプローチしても、経営戦略セミナーでAにアプローチしても意味がありません。離婚セミナーはA、経営戦略セミナーはCにアプローチする必要があります。興味本位でセミナーの内容を決めても、参加者を集められません。特定分野でセミナーを実施するのでしたら、その分野のリストを持っていることが前提です。考え方を逆にすると、**自分の持っているリストから、セミナー内容を決める**というのも手です。

さらに、リストの吟味が重要です。今回、情報発信ツールはメルマガですが、ツールはリストによって変わります。例えば住所と名前が分かれば郵送、FAX番号と会社名が分かればFAXという具合です。どのツールを使って「セミナーの告知」をするかは、ご自分の持っているリストと睨めっこすることです。例えば、私の事例を挙げてみましょう。

２００７年12月、セミナーを開催することになり、メルマガで告知しましたが、当時私はAのリストを約６０００人分持っており、６０００人にアプローチしました。告知内容は「12月

19日に離婚本出版記念セミナーをやるので参加して下さい」というものです。このセミナーは「離婚問題で悩んでいる人にその解決法を伝授する」主旨で、①セミナーに来てくれそうな人に②適切なメッセージを発信したものです。ところが、結果的に集客できたのは30人。反響率でいえば、0.5％。1000人に5人が私の呼びかけに賛同という結果でした。このようなセグメントされたリストに対し、反響率が0.5％ということは通常考えられません。この数字の10倍、5％が妥当な反響です。ここから、**セミナーの集客は思っている程、簡単ではない**とわかりました。会場に足を運ばせるのは、想像以上にハードルが高いのです。

あなたは「6000人のリストを持っていたら、反響率5％で、300人は集まるだろう」と考えていませんでしたか？　もしそうであれば、考え方を変える必要があります。

ところで、メルマガでセミナーの告知をすると、なぜ反響率が悪くなるか？

それは、**インターネットとセミナーの親和性が低い**からです。インターネットの特性は「**物理的な制約を超えること**」ですが、全国どこからでもパソコン1台あれば、アクセスできます。特定の地域、または紹介がないとアクセスできないサイトもありますが、ごく少数です。ほとんどは、北海道でも沖縄でもアクセスできます。

では、あなたが名古屋在住として、メルマガ発行者は名古屋の方でしょうか？

必ずしもそうではないはずです。なぜなら「住まいが近い」理由でメルマガを選別しないからです。メルマガは、インターネット回線を使って相手のメールアドレスにメールを送るものですが、ネット上で購読者を集める限り、購読者の住所は全国に散らばります。これはツールの特性上、仕方ないことです。メルマガ購読を申し込む際、**「地域性」は重要ではありません**。

では、あなたが他人の発行するメルマガに登録することを考えると、わかりやすいでしょう。メルマガ購読者のどれくらいがセミナーに参加できる、本当の意味での「見込み客」なのでしょうか?

私の場合、セミナー参加費は、ひとり5000円です。リストのうちセミナー参加の可能性があるのは、神奈川、東京、千葉、埼玉、静岡在住の人に限られます。というのも、これより遠くに住んでいる人が参加した場合、参加費より交通費の方が高くなるからです。私のリストは、名前・住所・電話番号・男女別の情報を入力しないと登録できない仕組みですので、申し込んだ人の検証ができましたが、実際、5都県以外からセミナーに申し込んだ人はいませんでした。なお、住所別で神奈川、東京、千葉、埼玉在住者は、全購読者6000人のうち、およそ1000人でした。告知しておきながら実際に参加する可能性のある人は6人にひとりで、残り5人には関係ないお知らせだったのです。このあたりを計算しないで「リストをたくさん持っているから集客は楽勝だ」と思っていると、痛い目に遭うことがわかるでしょう。

ただ、このセミナーは失敗例として紹介した訳ではありません。**セミナーの目的は利益**

の最大化です。参加者の数が限られているのでしたら、それなりに自分の望む利益を先に決め、1回のセミナーでその利益が上がるように戦略を立てることです。このセミナー会場では、私の新刊著書、過去のセミナーを収録したDVDを販売しましたが、利益という面では参加費の1.5倍の金額を売り上げました（著書は自社の利益にはなりませんが）。また、参加者にお願いしたアンケート（図2参照）では高い評価をして頂き、満足率はアンケートの有効回答数に対して100％でした（セミナーの利益を最大化する手段は159ページをご覧下さい）。

「ああ、やっぱり自分にはセミナーは荷が重かったのだな」と思う前に、うまくいかないのでしたら、きちんと原因を突き止めて、「数字で」分析することです。

■なぜ開業当初、セミナーをやると失敗するのか？

セミナーの開催を勧める立場の人間としては「セミナーは気軽にでき、すぐ結果が出てお金が儲かる」と、飴とムチでいえば飴の方だけを与えておけば良いかもしれません。しかし、プレスリリース・出版・セミナー・ホームページと4つのツールを使ってクロスメディア戦略を実践し、結果を出して欲しいと親身に思うからこそ、本書であえてムチの部分もお話しします。

なぜ、開業当初にセミナーをやると失敗するのでしょうか？

図2　2006年1月開催「5年間の法改正が2時間で分かるスペシャル勉強会」のアンケート実物

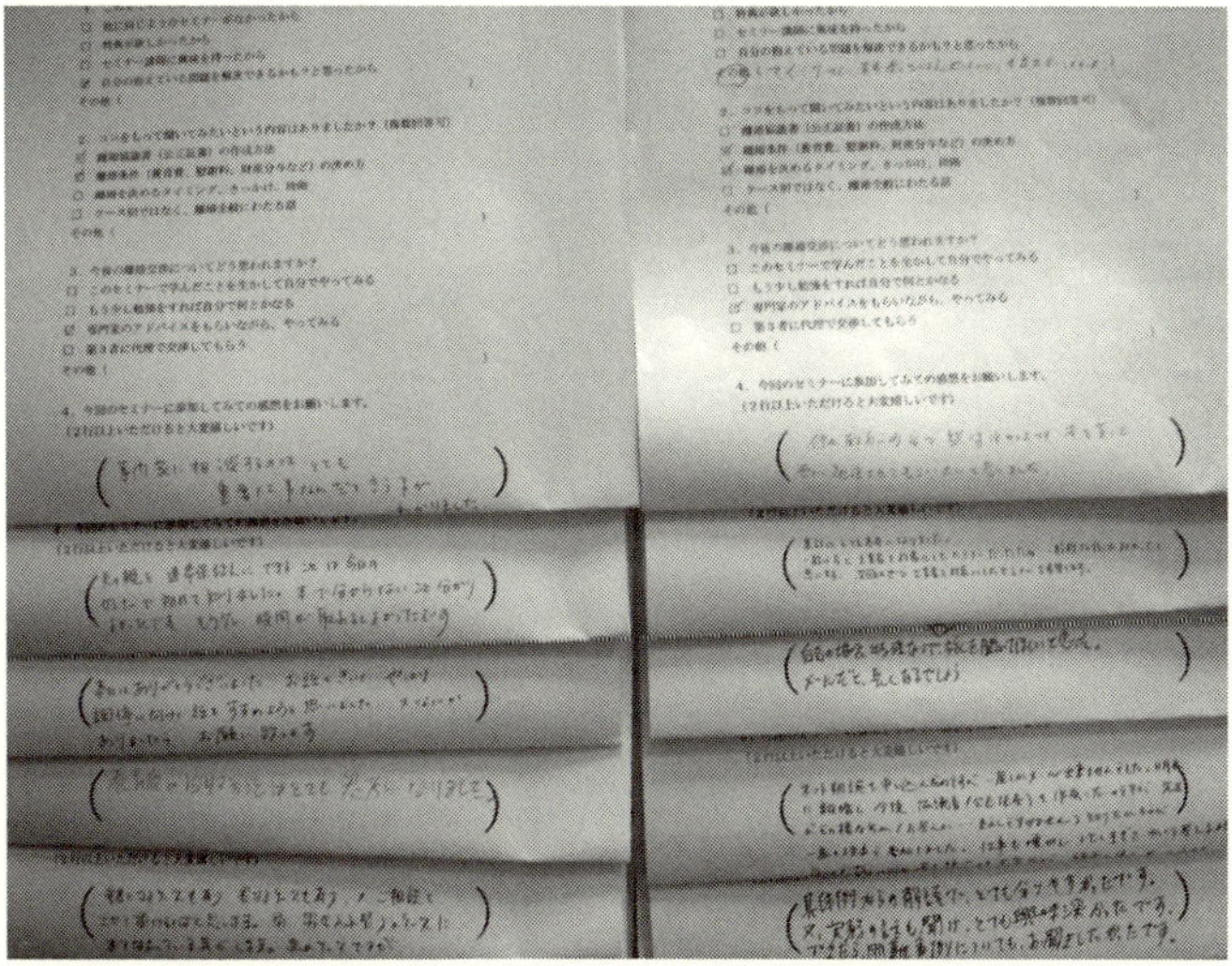

〈見込み客の数の問題〉

私が初めてセミナーを開催したのは2005年12月。参加者はわずか5人でした。この数字を掲載したのは、セミナーの集客方法を真剣に考えてもらい、どの段階で開催に着手するか、計画を立ててもらうためです。独立開業して間もない頃は、基本的に顧客リスト、見込客リストを持ち合わせていません。お客様と相対して成約し、友達の紹介や何度も商品購入してもらうことで顧客リスト・見込み客リストは100、1000とどんどん増えていきます。

〈反響率の問題〉

さきほど、メルマガでセミナー告知した場合の「反響率」を申し上げました。反響率を知っていれば、独立開業していきなりセミナーを始めることは、あまりに無謀なことだとおわかり頂けると思います。「セミナーには何人に足を運んでもらいたいか?」「そのためにメルマガ購読者が何人必要か?」と、常に数字を逆算することが重要です。

〈内容の問題〉

独立して間もない頃は、実務経験も成功体験もありません。どこかの本で読んだり他人から聞いた話をセミナーで転用しても、すぐにバレてしまいます。また、あなたの態度や話しぶりで、参加者はセミナー内容に自信を持っていないことを見抜きます。なぜなら、お金を払ってセミナーに参加した人は神経を研ぎ澄ましてあなたの講演を聴いているからです。結果、講演内容が参加者の期待値を超えることも、満足度を向上させることもできません。内容に満足しなければ、セミナーの目的「利益の最大化」は達成できないのです。

このように、開業時点でセミナーを行うことは、集客だけでなく利益面でも問題があります。ただ私は何も、セミナー開催を諦めるように諭しているわけではありません。**クロスメディア戦略には順番がある**ということです。詳しくは268ページ「仕掛けの順番」でお話ししますが、クロスメディア戦略のうち、セミナー実施は最後から2番目です。セミナーに取りかかる前に、ホームページ（インターネットマーケティング）や出版を始めましょう。そのうち「リスト」は倍々に増え、「実務経験」は積み上がっていくからです。セミナーは独立からしばらく経過し、十分な知識、経験とリストが揃った時点で始めることが重要です。

■セミナーの参加料を確実に支払ってもらう方法とは？

さてここでは、3「参加者を集客し、お金を頂く」の「お金を頂く」、集金についてお話しします。この話は、第5章「ホームページ」にも関わりがありますが、何かを買ってお金を支払う方法は、どの場合も原理は同じです。よって、どんな商品やサービスでも同様の問題を抱えています。ただしセミナーの場合、他の商品やサービスと違って少し特殊な事情があり、きちんとお客様から料金を頂かないと、余計に傷口を広める結果になります。例えば、ホームページの申し込みフォームから1名申し込みがあり、料金の支払方法は銀行振込で金額・振込口座等は申し込み後にお客様へメールでお知らせするとします。主催者側は、お金が振り込まれる前提で準備を進めますが、もしセミナー前日まで料金の振込が確認できない場合、お客様がなぜ振込をしないかわからないまま自動的にキャンセル扱いになり、困ったことになります。

セミナーの参加料を頂けない場合のデメリットは、以下の3つです。

1．セミナーの準備が無駄になる

セミナーの準備は、申し込みのあった人の分の「レジュメや資料を作る」「会場の席を用意する」「セミナー当日、出欠席を確認するリストを作成する」などです。お金が振り込まれないことによって、それらの準備はすべて無駄になります。また、小規模であればキャンセル料を設定していない場合がほとんどですので、無駄になった準備の費用や労力をその人にお金で請求することは難しいです。結果、その人のために「骨折り損のくたびれもうけ」になります。

2．社長や社員が余計なストレスを抱え、他の仕事に支障をきたす

申し込みから入金確認まで、社長や担当者はやきもきします。入金確認は「銀行に電話す

る」「ＡＴＭで通帳記入する」「インターネットバンキングにログインする」などの方法がありますが、お金が予定通り振り込まれないことは社長や担当者にとって大きなストレスになり、口座を確認して未入金を知るたびに苛立つことになります。かといって、お金の催促はあまり気持ち良いものではありません。その後、連絡するかどうか迷っている間にセミナー前日を迎えて「やはり振り込まれなかったか」と肩を落とすことになります。セミナー料金ひとり分が、自社の経営の支障になることは考えにくいですが、それでも中小企業は余剰資金が少なく、売上の入金時期が遅れるだけで銀行への返済ができなかったり、従業員に給与を支払えないという状況が発生しかねません。私は、金融機関の融資担当者だった頃、従業員の給与を支払うために資金を融資したことがあります。この会社は、近いうち資金難になることは予想されましたが「お金を入金しないのは客の都合なのに、資金繰りに困るのは会社」というジレンマを感じたものです。ストレスを抱えても最後にきちんと約束が履行されれば、肩の荷がおります。

しかし、約束が果たされない場合、セミナーに対して情熱ややる気を失うこともありますし、その人に対して怒りの感情を持つこともあります。この感情は「お金が入金されなかったこと」ではなく「約束が守られなかった」言い換えるなら「申し込んでおきながら、無視された」ことに対するものです。

3. 参加者の満足度を向上させることができない

『申し込んだのにお金を振り込まなかった人』がひとりふたりでしたら、セミナー開催に支障はありません。しかし二桁になった場合、これは大問題です。会場の雰囲気作りについては168ページでお話ししますが、その状況では参加者の満足度は高まりません。参加者は、商品やサービスを購入することなく、セミナーの目的**「利益の最大化」は達成されません。**

これらのデメリットは、購買対象がセミナーだから発生することで、一般的な商品やサービスでしたら起こりえないことです。なぜなら、商品はお金が支払われなければ発送しなければ良い訳ですし、サービスは提供しなければ良いからです。セミナーは、一般的な商品やサービスに比べて余計に神経を使って事態を回避しなければなりません。ただ、やり方次第ではゼロに近い確率で問題を最小限に食い止めることができます。それはセミナーに限らず、どんな問題も解決法は同じですが、**相手の行動分析**です。具体的には、相手が行動を起こした理由、または起こさなかった理由を突き詰めていくことです。今回の場合、お客様がお金を支払わない理由を考えていくと、大きくふたつあります。

ひとつは「**冷やかし**」、もうひとつは「**面倒だから**」です。まずは最初の「お客様が始めから冷やかしや冗談半分で申し込んだ場合」についてです。非常に残念ですが、自分の行動に責任を持てない人は世の中に存在します。例えば今回、ある人がホームページの申し込みフォームからセミナー申し込みをして、開催の1週間前になった時点で振込みがなかったとします。止むを得ずその人に連絡すると「ああ、セミナーの申し込みだったね。いや、とりあえず記入してみたけど、全く興味ないからお金も払わないし聞きにも行かない」と答えることがあります。このような人は、私の目の前に現れて欲しくありません。しかし、ホームページは誰でもどこでもアクセスできてしまうため、自分の行動に責任を持てない人の出現を許してしまうのです。非常に少数ですが紛れ込んで来た場合、いい大人の性根を叩き直すのは大変困難ですし、私がこの人に対し「自分の行動に責任を持ちなさい」「自分のやったことがわかっているのか」と叱責しても、その人を改心させるのに膨大な時間がかかります。このような相手は、初めから見て見ぬ振りをするのが無難です。

ここでお話ししたいのは、冷やかし対策ではありません。「申し込みはしたけど、お金を払おうか迷っている人」に対する話です。私の経験則になりますが、申し込んだのにお金を払わない理由の大半は「お金を払おうと思っていたけれど、なかなか時間がとれなかった」というものです。それは、「そもそもお金を払うつもりがない」のではなく「時間的な制約や面倒だから」というもうひとつの理由が原因になっています。解決するためには、お客様に重い腰をあげてもらう「策」が必要になります。一般的に、セミナーの入金方法は「銀行振込」です。

申し込んだ人は、銀行窓口やＡＴＭに出向き、振込用紙に記入して機械を操作し、主催者の銀行口座にお金を入金します。銀行は毎日混雑していますから、１回の振込作業も億劫です。ＡＴＭで15分程度、窓口ですと半日待たされることもあります（ほとんどの銀行はインターネットバンキングを導入していますが、利用者はまだ少数派です）。すると、お客様の中に「せっかく申し込んだから、入金しなければ」という気持ちと「銀行振込は面倒で時間がかかる」気持ちが交錯し、後者が勝っているとセミナーの１週間前になっても入金手続をしない状態になります。お客様の怠慢と言ってしまえばその通りですが、こちらはサービス提供者ですから、お客様が「面倒臭い」と思っていれば、それを解消する努力が必要です。

それは、**支払方法の複数化**です。支払方法は、何も銀行振込だけではありません。お客様がスムーズにお金を支払えるように、「支払い方法」の選択肢を増やすことです。原理は、インターネット通販と同じです。インターネット通販では、銀行振込はもちろん、代金引換郵便（以下、代引）・クレジットカード決済・コンビニ支払い・電子マネーなど、多数の支払い方法を用意しています。セミナーでも、応用できるものは導入できます。ここでは、私が実際に導入している「代引」と「クレジットカード」についてですが、私は、代引を２００５年11月から、クレジットカードを２００７年６月から採用しています。その結果「申し込んだけれど、お金を支払わない人」は２００６年８月からゼロで、また「お金を支払ったけれど、セミナーの会場に来ない人」も2007年6月からゼロです。支払方法の選択肢を増やすことで確実に入金されることはもちろんですが、お客様は自分のお金に責任を持つものです。

では、ふたつの方法を具体的に見ていきましょう。まず**代引**ですが、手順は次の通りです。

①セミナーのレジュメ・資料・会場までの地図・案内状（手紙）を封筒に入れます
②伝票を記入します（品名は「セミナーの参加料」と書くのが良いでしょう。「レジュメ」や「資料」と書くと、お客様はセミナー料金だとわからないからです）
③郵便局で代引郵便として発送します
④郵便がお客様のところに届き、お客様は封筒と引き換えに代金を支払います（代金はセミナーの参加料で、この場合、代金に送料や代金引換手数料を上乗せすることが多いです）
⑤代金引換日からおよそ2日で、郵便局から主催者の口座に代金が振り込まれます
⑥お客様はセミナー当日、その封筒を会場に持参し、セミナーに参加します

代引は、「銀行に行くのは面倒」と思う場合に有効な方法です。お客様が足を運ぶのは玄関までで、後は郵便局員とのやり取りで代金決済が完了します。なお、代引を使う場合、現状では日本郵便（旧・日本郵政公社）が割安です。送料は全国一律で100gまで角2封筒で140円、代金引換手数料が250円、振込手数料（お客様が支払ったお金を主催者側の口座に振り込む時に発生します）100円です。また、ゆうパックではない文書代引というものがあり、

送料は普通郵便と同じ金額に設定されています。一方、ヤマト運輸の場合、送料が一番安くとも640円、代金引換手数料は315円、振込手数料は主催者側の銀行により、200〜500円程度です。これは、料金体系が1センチに満たないセミナー関係書類でも、本4冊でも同じ送料です。私は、2007年1月にヤマト運輸から日本郵便に乗り換えています。

次に、**クレジットカード決済**です。これは、申込者がホームページ上でクレジットカードの番号・有効期限・氏名を入力し、入力情報が正しければ支払を完了する仕組みです。パソコンひとつで決済できますから、お客様の手間は代引より楽です。ただ、カードを持たない方には適用できません。また、自社サイトのセミナー告知画面にクレジットカードの決済機能をつけると専門業者に依頼する必要がありますが、この分野で最大手のGMOインターネットに2006年12月に問い合わせたところ、サイトひとつにクレジット機能をつけるために、約10万円かかるとのことでした。セミナーを1回開くたびに10万円を支払うのは、1000人規模のセミナーでしたら選択肢になるでしょうが、数十人規模でしたら採算が合いません。そこで私は、お客様からクレジットカードで支払ってもらう場合、次の業者を利用しています。

セミナーズ　http://www.seminars.jp/

このサイトはもともと各セミナーを集めたポータルサイトで、セミナー開催の支援も行っていますが、サイトを使う目的は**クレジット決済を利用する**ことです。個別のセミナーページに申し込みフォームがあり、支払方法は銀行振込の他、クレジットカードも選択できます。そこでお客様をこのページに誘導することで、カードでお金を支払うことができるのです。その場合、セミナーズの運営会社に参加費の一定額を支払いますが、クレジット決済を自社で導入する場合に比べてかなり割安です（２００８年2月10日現在、料金の15%を差引かれます）。

このように、**最適なお金の支払方法はお客様の状況によって変わります。**例えば、

・「銀行に行くのは面倒だから、家にいながら料金を支払いたい。でもパソコンでクレジットカードの情報を入力するのは不安だ」**→代金引換郵便**

・「仕事で銀行に毎日行く。出張が多くてあまり自宅に帰らない。過去にお金のトラブルがあり、クレジットカードが利用できない」**→銀行振込**

・「近くに銀行はないし、家族に秘密で参加したい」**→クレジットカード**

がそれぞれ良いでしょう。

ところで、**セミナー当日に現金で参加費を受領するのは、極力避けた方が良いでしょう。**理由は3つです。

①お金を払うかどうかの主導権がお客様に移る

お客様としては、お金を払いたくなければセミナーをドタキャンすれば良いので、無料セミナー（１６５ページ参照）と同じ事態になります。

②利益の最大化ができない

会場で参加費を払ってしまうと、お客様の財布に残されたお金が減り、会場で自社の商品やサービスを紹介しても「お金がない」という理由で購入してもらえなくなります。

③手間の問題

お釣りを用意する、お金を支払った人の名前を照合するなど、余分な手間が発生します。そのため人員を増やす必要があり、**人件費がかさみます**。また、受付が混雑することでお客様が講演内容以外で不満を持ってしまいます。

■セミナーの参加料だけで、収益は本当にプラスか？

「会場を押さえて講演内容を決め、参加者を集客して講演する」

セミナーの一連の流れについて一通りお話ししてきましたが、何の知識もなくセミナーに着手すると、次のような事態に直面することになります。

- **会場の席数が足りない**
- **内容がつまらなくて、参加者が途中退席する**
- **お金が振り込まれない**

これを回避するだけでも、事前準備と当日の気配りが欠かせません。ひとつのセミナーを無事に取り仕切ること。それはそれで立派なことです。ところで、クロスメディア戦略の目的は「**利益の最大化**」ですが、目的に照らすと、ここまでの内容を実践するだけでは「セミナー不要」という結論になります。現実問題、**セミナーをただ開催しただけでは、望むような利益が発生しません**。なぜなら、セミナーを開催するには各種費用がかかる一方、参加料だけでは期待するほどの利益にならないからです。例えば費用について、セミナーの会場代・スタッフの人件費・交通費・レジュメの印刷代などがかかりますし、無料で参加者を集められない場合、集客に広告を打つとそれなりにお金がかかります。なお、30人規模で3時間のセミナーにかかる費用は約2万円です（広告費を除く）。お客様が支払う参加費からこれらの費用を差し引くと、あなたが望む利益は上がらないはずです。セミナーの採算を参加費だけで考えると、1回のセミナーで、10万円の利益を出すのも大変どころか、全く元がとれません。「無事満席で質疑応答もうまくいって、良かったなぁ」とセミナーを開催したことに満足してしまうのは、非常に危険です。マイナスのスパイラルに陥るからです。

また、自営業や会社経営者は、自身の時間を仕事に投入して報酬を得ています。例えばセミナーにかけた時間が20時間で、1回のセミナーの利益が7万円とすると、時給は３５００円です。ご自分の年収に当てはめるとよりリアルに理解できますが、もしあなたの年収が２０００

万円で1日8時間働くとすると、時給は約1万円です。普段の仕事が1万円でセミナーの仕事が3500円でしたら、セミナーをやるたびに1時間につき差し引き6500円の損失計上です。つまり、**自分の時間をセミナーのために捨てているようなもの**です。

これでも、セミナーをやる意味はあるのでしょうか……？　と私が強調するのも、「一度は」セミナー開催を諦めたからです。私は開業から半年経過した2005年12月からセミナーを始め、2～3ヶ月に1回のペースで続けました。参加費はひとり5000円。セミナーにかける時間は15～25時間。1回のセミナーで生じる利益は10万円切るか切らないかです。

一方、本業の法的文書の作成において、お客様ひとりあたりの利益は8万円。作成にかかる時間はおおよそ3～8時間ですから、セミナーをやってもマイナスの計算になります。単純に利益を上げたければ、本業の成約率をアップさせた方が得策です。

「これでは元が取れない……」初めてセミナーを開催してから1年経過した時点で、私は自分の仕事からセミナーをばっさり切ってしまいました。限られた時間で仕事をしている以上、採算に合わない事業を残しておくわけにはいかないからです。本書で書かれている手法を編み出すことがなければ、おそらく今でもセミナーに手をつけることはなかったでしょう。

あなたは、何のためにセミナーをやりたいのでしょうか？

興味本位や自己満足が目的ならば、採算度外視でも良いかもしれません。しかし、あくまで時間単位の収入を高めるのでしたら、参加料だけに頼らずもうひと工夫を施す必要があります。

■1回のセミナーで利益を最大化する方法

「1回のセミナーで参加費以外の利益を上げる方法」をお話しする前に、少し前置きが必要になります。それは、セミナーの特徴です。セミナーには他にはない、大きな特徴があります。それは、**あなたがお客様と直接顔を合わせること**、面と向かって話ができることです。

1990年代後半のIT革命以後、主要コミュニケーションツールは従来の電話・FAXからメールやSNSなどに変わり、本人同士が直接目を見て話す機会は大幅に減りました。ツールが発達すればするほど、それだけでコミュニケーションの用が足りるようになったのです。直接顔を合わせたり声を聞いたりしなくても、文字のやり取りがあれば相手と友人・知人になります。この傾向は今後も拍車がかかり、ビジネスパーソンのIT普及率は100％に近い数字になるでしょう。ですから、「それなのになぜ、わざわざセミナー会場まで足を運ばせるのか？会場までの移動時間が無駄ではないか？」と思われるかもしれません。あなただけでなく、おそらく世の99％の人は同じように思うでしょう。

しかし、時代に逆行しているからこそ、チャンスは生まれます。IT化の中で、あえてセミナーという媒体を使うことで、他人との**差別化が大きな利益を生み出す**のです。

さて、「1回のセミナーで参加費以外の利益を上げる方法」について、改めてセミナーの特徴をキーワードに分けますと「直接」「顔を合わせて」「生の声で」の3つが挙げられます。

この特徴を使って、メールやインターネットなどの「主流の」ツールにはできない収益構造を作り、利益を上げることはできないでしょうか？

「収益」は、お客様の財布からお金を出してもらうことで発生します。ということは、セミナー当日に**参加者に対して、自社商品を紹介すること**です。紹介した商品を購入して頂ければ、お金の流れが参加費と商品購入のふたつになり「セミナーの利益」になります。紹介する商品は、例えば自分の著書・対談CD・過去のセミナーを収録したDVDなど、その場で売買が成立するものが良いでしょう。もし、イメージできない場合、セミナーで話す内容と「類似したもの」を選ぶことです。なぜなら、お客様がセミナー内容を理解して実際に商品を購入するイマジネーションが湧きやすいからです。一方、その場で売買が成立しても、後日時間を費やすものは不向きです。例えばコンサルティング・書類作成サービス・カウンセリングなどですが、別途お客様にサービスを提供する時間を費やしてしまうと、セミナー単体の時間給が下がるからです。本書では、1回のセミナー時間内で利益を最大化する方法を推奨します。

ところで、セミナーで紹介する商品が売れるのは、3つのメリットがあるからです。

1. 時間の短縮
2. 集団心理
3. 講師との信頼関係

まず「**時間の短縮**」について。これは、一般的な訪問販売と比べてみるとわかりやすいでしょう。訪問販売の場合、その場にいるのはあなたとお客様の1対1です。どんなうまいセールスをしても、購入するのは目の前のひとりです。ふたり目と成約するには、最低2回はセールストークの必要があります。つまり、**1対1のセールスは、始めから時間に限界があるのです**。それに比べセミナーは、1対多数です。一度商品を紹介すれば、何十人にも情報を伝えることができます。これは、訪問販売が1軒1件お宅のインターフォンを鳴らすのに比べて、セミナーは何十件ものインターフォンを同時に鳴らすようなものです。日常生活ではまずあり得ない状況を自動的に作り出す、これが、セミナーの時間短縮のメリットです。

ふたつ目は「**集団心理**」です。集団心理はひとりが購入すると、それを見て2、3人が次々に購入する現象です。セミナー会場は、日常にない集団心理行動が発生します。例えば、セミナーで商品を紹介してひとりが購入すると、他の参加者は、「どんな人が購入したのだろう」「この場で購入するなんて、よほど安いのか」「そんなに良い商品なのだろうか」と思い、商品に興味を持つのです。**「ひとりが購入した」事実が、自然発生的に販促効果を生み出します**。これは、公開オークションに近い性質があります。オークションでは通常、入札する商品はあらかじめ決めておくのですが、いざセリが始まるといつの間にか、事前に打ち合わせていない入札に参加することがあるそうです。典型的な集団心理です。また集団心理は、インターネットマーケティングと比較すると分かりやすいです。インターネットでは**口コミ機能**があります。例えば、本を購入に際して電子書店amazonのサイトに「レビュー」というページがあります。これは、過去にその本を購入した人が感想を書き込む欄です。購入を迷っている人はこのレビューを見て、評判が「良ければ買う」「悪ければ買わない」と判断したり、レビューが購買の決め手になったりする場合もあります。購買を迷っている人に過去の購入者が影響力を与える意味では、集団心理に近い性質があります。ただインターネットの場合、匿名性という欠点があり、amazonのレビューもどこの誰が書き込んだかはわかりません。そうなると「やらせ」や「サクラ」という可能性は否定できず、その書き込みを信用して良いのか分からない所が難点です。

一方セミナーは、購入者が「隣の席のあの人」と、顔や姿形を見ることができます。さすがに「購入した理由」「何に使うのか」を聞くことはできませんが、その容姿からある程度は人物像を想像することが可能です。例えば、長身でピシっとしたスーツを着た清潔感のある男性が購入した商品はどんなものか気になり、「彼が買った商品なら」と手を伸ばすに違いありません。インターネットと同じ**口コミ効果も、セミナーの場合は信憑性が高まります。**

3つ目は「**講師との信頼関係**」です。講演の舞台に立つことで参加者と対等ではなくなり、参加者に対して信頼度・認知度が向上します。セミナーの講師を務めると、「講師」という1ランク上の人間、「**なんだか凄い人」になっています。**同時に、あなたが紹介する商品は「なんだか凄いもの」になります。**セミナー効果は、壇上から紹介された商品に講師のお墨つきが得られ、参加者は購買に対して抵抗感がなくなること**を意味します。まさに「**ハクがつく**」という表現がぴったりです。

このように、3つのメリットを活かして商品を売ることで、1回のセミナーの時間内で参加費以外の利益を最大化することが可能です。

■セミナーで利益を上げるための注意点とは？

ここまでの話を聞いて、「何か胡散臭《うさんくさ》い」と思われたかもしれません。そうです。ひとつ間違えると、たちまち詐欺商法になります。そこで、セミナーで自社商品を紹介する場合、気をつけなければならないことがあります。**参加者はあくまで、あなたの専門知識を聞きに来ている**のであり、始めから商品を買いに来ているのではありません。それを忘れて商品紹介に没頭してしまうと、参加者から見てあなたは「インチキ野郎」になってしまいます。

では、一体どうすれば良いのでしょうか？

98ページに戻ってもう一度、人間の心理状態を考えてみましょう。**人間の満足度は、期待以上のサービスを受けた時に上昇します**。ところが、サービスが期待値に満たない場合、満足どころかあなたに対して嫌悪感を持ち、怒りをぶつけます。もし、あなたの専門知識を知りたいとセミナーに来た人が商品ばかり勧められたとしたら、どちらの心理状態になるでしょうか？　当然、後者です。**満足度が下がった状態では、商品購入は見込めません**。

せっかく時間と労力をかけてセミナーを開催しても、あなたのことを嫌いになってはセミナーを開いた意味がありません。セミナーで利益を上げたいのでしたら、知識や情報の出し惜しみをせず、参加者が満足できるレベルまで講演内容を引き上げることです。あなたの話を聞くことで悩みが解消したり、問題解決の糸口が見つかったりした時に初めて、参加者の満足度は向上します。その時点で、商品を紹介するのがセオリーです。

商品紹介のタイミングですが、セミナー終了時点と休憩時間の2回程度が良いでしょう。**間違っても冒頭で紹介しない**ことです。終了時点だけでも良いですが、講演が終わる前に退席する人に向けて休憩時間にも簡単に紹介します。参加者が満足できる内容のセミナーを行い、その合間に商品を紹介する分には、問題ありません。

■有料セミナーにするか、無料にするか？
～参加者満足度の考え方～

ひとつのセミナーで得られる利益を最大化する方法は、参加者にとって有益な情報を提供し、参加者の満足度を向上させ、参加者にサービスや商品を購入してもらうという話をしました。つまり、**参加費以外に収入源を作ること**です。この話を聞いて「どうせ商品を買ってもらえるのなら、タダでセミナーに来てもらえばいいのでは？」「セミナーが無料だと、人もたくさん入るだろうし、商品も買ってもらえるのでは？」と思われるかもしれません。これらは、商品の購入金額が参加費と同じか商品の方が高額のため、セミナーの収入源を商品の方に置いた方がより利益を上げることができるのでは、という考えから生じたものです。

しかし、実際にセミナーを実践してみると、この方法はうまくいかないことがわかります。セミナーの参加費を無料にしても、最後に残る利益は増えないのです。

どうしてなのでしょうか？

セミナーを無料でやることのデメリットは、2つあります。ひとつは、**参加者のモチ**

ベーション低下です。「無料」という言葉は、モノを買う側には魅力的ですが、売る側には危険です。セミナーの申し込みの場合、「無料」に引きつけられて「無料だから参加する」「有料なら参加しない」という人は、モチベーションが低いのです。緊張感のない真剣さの足りない人は、セミナー運営に悪影響を与えます。そういった人たちは次のような行動をします。

- **講演途中で、居眠りをする**
- **隣の人と、こそこそ話をする**
- **質疑応答タイムで、講師の悪口を言う**

隣で居眠りされては、講演に対して集中力が低下しますし、こそこそ話をされると他の方が講演を聞き取りにくくなります。また、質疑応答タイムで講師の悪口を言われることで、会場の雰囲気は一気に悪化します。もちろん無料セミナーといっても、全員が全員そのような人ではありませんが、そもそも**お金を支払っていないから、無責任な行動がとれる**のです。他の参加者からすれば、いい迷惑です。セミナーの成功は参加者の満足度にかかっていますが、満足度が向上しなければ商品を購入してもらえず、セミナーの目的である「利益の最大化」は達成できません。主催者からすれば、いくら最大限の努力・配慮をしても、一部参加者の心ない行為によりセミナーは失敗に終わってしまいます。その点、セミナーを有料化することで、このような事態は避けられます。セミナーの参加費は主催者の利益でもありますが、それだけではありません。お金を出す点で**参加者をふるいにかけ、差別化している**のです。「お金を出せる人」に限定することで、参加意識の低い人を排除することができます。これがセミナーを有料にする理由です。

ところで、参加者からお金を頂き、金額に見合う講演内容を作るには、事前準備が欠かせません。私の場合、講演1時間あたり2万字程度の原稿を用意しますが、基本的に原稿内容に従って忠実に講演を進め、その場の思いつきやアドリブで話すことはありません。その上でセミナーの進行状況をある程度、予想します。例えば「この部分は参加者が理解しにくいかも」と思えば、具体例を増やしたり、「レジュメを見れば説明は不要」と思えば駆け足で流したりする具合です。このあたりは当日、実際に講演して参加者の顔色を見ながら、どうするのか最終決定します。それ以外にも事務所でリハーサルしたり、参加者からの質問を予想したり、模範解答を用意しておきます。こうしたセミナーの時間設定・内容の熟慮・展開の予想という作業は、3時間のセミナーでも15時間はかかります。ところが、時間をかけて練り上げた内容を一部の人の行動でぶち壊されてしまうと、本当にがっかりしますし、15時間は無駄になります。

さて、無料セミナーのもうひとつのデメリットは、**参加者が当日来ない**ことです。参加者の意識は「とりあえず申し込んでおくか」というもので「何が何でも、その人の講演を聞きたい」という意気込みはありません。また、他の予定が入ればセミナーの予定は押しのけられてしまいます。なぜなら、無料セミナーは**キャンセル料を気にする必要がない**からです。

一方、主催者側としてはどうでしょうか？

有料でも無料でも、レジュメや座席はキャンセルに関係なく用意しているので、主催者に大きな迷惑がかかり、ドタキャン分の席は無駄になってしまいます。実際、事前に不参加の連絡を頂ける場合はまだ良い方ですが、「申し込んだのに会場に現れない、何の連絡もない」ということがほとんどです。

ところで、**参加者を満足させるには、雰囲気作りも大事**です。会場が前も横も空席で、全体を見渡してもガラガラという状況は、避けなければなりません。参加者が講演開始前から不安がってしまいます。会場をぎゅうぎゅう詰めの満席にする必要はありませんが、最低限「賑わっている感」を出さなければなりません。このような失敗例が、実際に私の開催したセミナーにもありました。２００６年11月のセミナーで、50人定員の会場に何と５人の参加者しか集められなかったのです。「50人位は簡単に集まるだろう」とタカをくくって集客に手を抜いたのが原因でした。当日の会場は、８割以上が空席です。参加者のアンケートには「空席が多すぎて不安に思った」と書かれ、私は大きなショックを受けました。というのも、参加者が会場の雰囲気の悪さをアンケートに書くほど不満に思っていたからです。このことから、セミナーの**雰囲気を向上させるには、参加者に合った会場を選ぶ**のがポイントです。その点で無料セミナーは、事前に予約人数がわかっても「当日の入り」は不確定です。「参加者の8～10割が座っていて、安心して講演を聴くことができる状態」を作り出すのは、非常に困難です。したがって、セミナーの目的が参加者の満足を高めることであれば、無料セミナーは満足度を引き上げるのに支障が出ますので、目的を達成することはできないと言えます。

一方、有料セミナーの場合はどうでしょうか？

有料セミナーは文字通り、お金を支払って参加します。すると**人間はそう簡単にお金を捨てることはできない**ので、突然キャンセルされる心配がありません。仮に止むを得ない理由でキャンセルする場合でも、元をとるために主催者に「レジュメや資料を送って下さい」と連絡してきます。その心理は、お金を払ってセミナーに参加したことがある読者の方でしたら、よく理解できるはずです。他にも例えば、次のような行動をとるでしょう。

- **自分の手帳に赤字でセミナーの予定を書き込む**（「お金を払ったから、きちんとノウハウを盗んで来よう」と1ヶ月前から意気込みます）
- **電車の時間をインターネットで調べ、会場に開始10分前には到着しようとする**
- **セミナー中は必死にメモをとり、講師の話に耳を傾ける**（一語一句聞き漏らさないように聞き耳を立てます）

このようなセミナーをあなたも経験があるかもしれませんが、参加者に緊張感が漂い、良い意味でピリピリした雰囲気が作り出されます。お金を頂いてセミナーに参加してもらうことで、特に意識しなくても、**自然と満足度が高まる雰囲気が作り出される**のです。

ここまでいろいろと話してきましたが、

「セミナーが無料だと、人もたくさん入るだろうし、商品も買ってもらえるのでは？」という考えが間違いであるとおわかり頂けたと思います。確かに、セミナーを無料で開催すれば、予約人数は有料セミナーに比べて増やすことはできるかもしれませんが、当日会場に現れる人数は把握できませんし、会場の雰囲気を理想のレベルまで引き上げることもできません。さらにそのようなセミナーでは、参加者の満足度も向上しません。結果、商品を購入してもらう心理状態に持っていくことは、不可能です。したがって、セミナーの目的が「利益の最大化」でしたら、セミナー料金は有料にすることです。

■セミナーの利益を「戦略と情熱」で3倍にする方法

ここまでは、セミナーの開催方法についてお話ししてきました。セミナーの目的は「利益の最大化」で、前提として充実した講演内容が必要です。

一方、セミナー開催の「きっかけ」も利益の最大化なのでしょうか？

「儲かりそうだから」だけでセミナーをやるのでしょうか？

私は、セミナー開催の「きっかけ」はもっと別のところにあると考えています。

ところで私もそうですが、あなたが会社経営者でしたら、日常業務に追われている中で貴重な時間や労力をかけてまで、なぜセミナーを開く必要があるのでしょうか？

人間は基本的に変化を嫌うようにできています。新しいことに取り組むのは億劫です。「セミナーを開く」と一口に言っても、そう簡単ではありません。かといって、仮に目先の利益のためにセミナーをやると講演内容が利益ありき、打算的で、私はそのようなセミナーを行いません。つまり、**「セミナーを開いて、もっとお金を稼ぎたい！」ということが、セミナー開催の出発点ではない**のです。確かに、セミナー実績はプレスリリースや出版に良い影響を与え、セミナー会場で商品を購入してもらえば利益があがりますが、これらはあくまで結果論で、きっかけ作りの段階ですべてが計算づくではありません。「1回のセミナーでいくら儲かる」とソロバンをはじくのは、セミナーの募集要項を創る段階です。

なお、私がセミナーを開くきっかけは、「**伝えたい情熱**」です。それは、私が今持っている情報や知識を他の人にも使ってもらいたい、広めたい気持ちからです。その気持ちが最高潮に達したとき、「セミナーをやってみるか」と重い腰をあげます。

ところで、アメリカでゲリラ・マーケティングの神様と呼ばれるジェイ・C・レビンソンは、著書の中で仕事の熱意について次のように語っています。

「多くのビジネスが情熱も喜びも持った人によって始められるものの、たまにあることだがその両方が消えてしまっても、ビジネスが続けられている。だが、最初の熱意や勢いを失ってしまっているので、たいていは精神面でも財政面でも意気消沈させる結果に終わることとなっている」（『ゲリラ流 最強の仕事術〜「収入」と「時間」が増える技術と習慣〜』フォレスト出版刊）

人間の感情は、必ずしも損得勘定で動くものではありません。「セミナーをやるのはいいけど、面倒だし時間もないし、どうしようかなぁ」という後ろ向きの気持ちは、想像する以上に深い闇です。それを打ち破り、最初の一歩を踏み出すためには、採算ではなく情熱が必要です。

「自分の知識を世の中に広めることで、他人様の役に立てたら……」


これは綺麗事ではなく、私の感情です。感情が先立たないと、気持ちを充実させて講演内容を作りこむことはできません。ここまで踏み込んで書くのは、クロスメディア戦略で用いる4つのツールの中で、セミナーだけ取り組まないことが十分考えられるからです。大雑把にいえば、そこまで**気持ちが高ぶらないと「セミナーはやっていられない」**のです……と、あまり理屈的な話をしても仕方がありませんので、最後に私の例をひとつ挙げてみましょう。

●実例　2006年1月開催「5年間の法改正が2時間で分かるスペシャル勉強会」

私は、何の計算もなくセミナー開催に踏み切ったことがあります。2005年1月に開催したセミナーの話です。通常は、会場の設定・講演内容の作成・参加者の集客などを逆算し、セミナー開催日から遅くとも2ヶ月前には着手する必要があります。私の標準は3ヶ月前です。

しかし、この時は「セミナーをやろう」と思い立ってから、わずか1ヶ月で壇上に上がっていました。

もともと私は、時間管理について特にシビアな人間です。それなのになぜ私は、こんな無理なスケジューリングを組んでしまったのでしょうか？

それはある情報を**「困っている人に今すぐに伝えたい」という衝動にかられた**からです。ここは少し専門的な話ですので、簡単に流し読みして下さい。例えば、夫婦が離婚して子の親権は妻が持ち、夫が妻に養育費を支払っていたとします。今までの法律では、夫が借金して自己破産すると養育費も免責（チャラに）されていました。しかし、2005年に破産法が改正され、子供の養育費について裁判所は、免責決定を出せないようになりました。つまり夫が破産しても、仕事を続けていれば養育費を回収できる余地があることを意味します。

私は2005年11月、実際にこのような「自己破産した元夫に養育費を支払って欲しいと」いう相談を受けましたが、相談者の代わりに破産した元夫に対して養育費を請求し、その結果、養育費を振り込ませることに成功しました。この専門知識や成功体験は、同じ境遇の方にとって有益な情報です。これを「知っている」と「いない」とでは、自ずと結果は変わってきますが、現実には当事者がこのことを知らずに、本来ならもらえる養育費を諦めている人が大半です。そこで私は、

「この知識を1分、1秒でも早く、自分の口から伝えなければならない」

という感情が瞬間湯沸かし器のように、一気にこみ上げてきたのです。

私は、一刻も早くセミナーを開催するため、スケジュール管理もそこそこに動き出し、すぐに会場を押さえようとしましたが、最短でも1ヶ月後でした。まず会場を予約して、メルマガでセミナーの概要を告知し、気持ちをパソコンにぶつけて講演内容を考えてレジュメを用意しました。私は1日8時間ほど日常業務をこなしていますが、企画立案・会場手配・講演内容の作成・資料の印刷などのセミナーの準備は、その合間を縫って時間を作らなければなりません。例えば、1日3時間はかかっているメール返信100通を、2時間で終わらせるなどしてやりくりしましたが、セミナーの仕事を入れることで、他の仕事に支障が出ました。

損得勘定だけ考えれば、あまりにも非効率です。私の体はひとつだけ。余分な仕事をすれば、それだけ体力・精神力が奪われます。何もセミナーをやらなくても「明日のメシ」に困ることはないのです。しかし、「この情報を伝えたい」という感情が、この「怠け者」の心理を凌駕

しました。結局、このセミナーの準備には20時間ほどかかりましたが、私は雑務の間の細切れの時間を使って、1ヶ月先にセミナー開催に何とか間に合わせることができたのです。そしてセミナー当日。正月休みからまだ数日しか経っていないにも関わらず、30人席の会場は7割方の席が埋まりました。私は、自分の体験をありのまま語り、悲惨な状況でも養育費を回収できることを伝えました。質疑応答の時間では、あまりにも話が盛り上がりすぎて予約時間を過ぎてしまい、管理人から怒られるほど盛況でした。参加者のうち3割は後日、書類作成（内容証明郵便）を依頼され、**参加料の３倍にあたる利益をあげることができた**のです（160ページでお話したように、本当は後日に持ち越す利益は望ましくないのですが……）。

「自分の持っている専門的で有益な情報を、求めている人に届けたい」

そういった気持ちを持ってセミナーに取り組めば、自然と講演内容のレベルが上がり、参加者を満足させることができます。さらに、セミナーの内容が参加者の期待値を上回ることができれば、商品やサービスを購入してもらうことも可能なのです。

このように、利益が最大化するのはあくまで結果論ですが、**戦略的に前提条件を作ることが重要**なのです。

専門家インタビュー

セミナーの専門家で講師してのキャリアが豊富な、松尾昭仁さんにお話をお伺いすることができました。

露木　一般的なイメージとして、セミナーを開いて講演しているのは芸能人や大学教授というイメージがありますが、私たち素人でも可能なのでしょうか？

松尾　例えば、ピラミッド型をイメージしてみてください。大学教授はピラミッドの頂点だといえるでしょう。ピラミッドの頂点しかセミナーができないかというと、そんなことはありません。自分がピラミッドのどこにいるのかを知り、自分より知識や経験の劣る人を対象にセミナーを開けば、誰でも講師となる事が可能なのです。

露木　その発想は面白いですね。どの業界でもベテラン、中堅、新人が混在していますからね。

松尾　もうひとつ例を挙げれば、車の運転テクニックに関してはF1レーサーがピラミッドの頂点でしょう。では、車の運転を教えることがF1レーサーしかできないかというと、そんなことはありません。自動車教習所の教官は、F1レーサーほどの技術がなくても運転技術を教えています。

露木　確かに、教習所はサーキットではありませんからね。

松尾　つまり、ピラミッドの中間あたりにいる「スーパー素人」でも、自分より下の層に対して自分の持っている経験や知識を教えることができるのです。セミナー講師は何もその分野のトップとは限りません。

露木　なるほど。参考になりました。ありがとうございます。

◎松尾昭仁（まつお あきひと）

ネクストサービス株式会社代表取締役CEO。セミナープロデューサー。2005年1月よりセミナー講師業をスタートさせ、短期間で新進気鋭の人気講師として注目される。

現在は、自身のセミナー活動で得た経験やノウハウを生かし、全国でも数少ない自主開催セミナーのエキスパート「セミナープロデューサー」として、後進の指導と個人・法人のブランディングサポートに力を注ぎ、その即効性から多くの支持を集めている。

著書に『誰にでもできる「セミナー講師」になって稼ぐ法』（同文舘出版）などがある。

ネクストサービス株式会社　http://www.next-s.net/

第5章

ただで
自社サイトに来てもらう方法
〈ホームページ〉

■ホームページに失敗すれば、クロスメディア戦略は成り立たない

さて、ここまではクロスメディア戦略の4つのツールのうち、プレスリリース・出版・セミナーについてお話ししてきましたが、最後はホームページです。なぜなら、**クロスメディア戦略を実践する上で、ホームページは失敗が許されない**からです。他の3つも大事ですが、特にホームページが重要だと強調したいと思います。もしホームページを使い、望む結果が得られないとしたら、他の3つもうまくいきません。

どういうことなのでしょうか?

プレスリリース・出版・セミナーは、**共通した前提**があることに気づいたでしょうか?

それは、**継続的にお客様を獲得していること**です。例えば、プレスリリースの場合は76ページに「自社しか出せないような情報、データを抽出し、リリースを作成する」と書きましたが、これは他社で書けないプレスリリースを作成するには、悩みや問題の解決方法を数値化し、統計化するのに、ある程度のお客様の人数・母数が必要だということです。つまり「常に自社でお客様を囲い込み、悩みや問題を解決してあげる」ことが前提です。また、出版では96ページに「いつまでたっても『あなたが書いた本なら買いたい』人の数が何千とならなければ

ば大きな問題です。本業がうまくいっていない可能性があります」と書きましたが、人数は本の購入予定者で、これが極端に少ないままでは出版社が「売れる企画」だと判断せず、出版を実現することは困難です。つまり、出版の前提は「本業がうまくいくことで、継続的に多くの顧客を抱えていること」になります。

最後にセミナーは、開業当初にセミナーをやると失敗する理由として146ページに「独立して間もない頃は、実務経験も成功体験もありません。どこかの本で読んだり、他人から聞いた話をセミナーで転用しても、すぐにバレてしまいます」とあります。実務経験や成功体験を重ねるにはお客様1人ひとりの相談を聞き、何が問題か認識した上で一緒に解決していくことです。そのため、お客様から「悩みを何とかして欲しい」と依頼を受ける必要があり、それが一定数に達して自分流の知識や情報を見出せれば、参加者が満足する講演を行うことができます。つまり、セミナーの前提は「本業の実務経験を積んで、顧客を多く抱えること」になります。本業とは私の場合、離婚のコンサルティング業務・法文書の作成ですが、税理士でしたら税務相談や確定申告の提出代行、経営コンサルタントは経営相談や改善プログラムの作成です。

しかし、どんな業界も弱肉強食です。たいした税金も納めていないのに税務相談を受ける税理士や、自社の経営がよくないのに経営相談を受けるコンサルタントなど、本業がうまくいっていない専門家は五万といます。そのような人たちがメディアに露出したり、本を出版したり、セミナーを開催できるかというとやはり「ノー」です。なぜなら精度の高いリリースを書くにも、出版社がOKする企画書を書くにも、参加者が満足する講演をするにも、十分な経験と現場当事者の声を吸い上げるスキームが必要だからです。どんな商品、サービスも例外はありません。お客様に声をかけてもらい、商品やサービスの説明をして購入してもらい、お金をもらう。この一連の購買行動を多数経験していなければ、クロスメディア戦略が成功することはありません。このようにクロスメディア戦略に取り掛かるには、それぞれの媒体の「前提部分」が欠落しては何も始まりません。必然的にあなたを選ぶ状況を作り出す「**集客**」が重要です。

本章では、ホームページを使って集客する方法をお話ししますが、非常に重要でその責任も大きくなります。ただ集客の原理原則「お客様の感情ありき」という点で、ホームページに限られるものではありません。他の場面（対面販売、電話販売など）でも共通です。またホームページは、**一番安価で早く、誰でも結果が出ます**。次ページから、十分経験を積んでお客様の声を代弁できる体制を整えるための「集客」にスポットを当ててお話しします。

■なぜリスト化することが重要なのか？

「集客」の話の前に、一点お伝えしたいのは、**情報をリスト化する習慣や癖をつけて**

もらうことです。リスト化作業を「意識的に」行うことが大事です。リストは、私たちに仕事を与えて利益をもたらし、新しい人間関係を授けるものです。本書において、**リストはすべての源泉**です。例えば、メディアリストがあるからプレスリリースを送付することができますし、出版社リストがあるから出版企画書を郵送することができます。さらに、見込み客リストがあるからセミナーの告知ができるのです。**リストなしには、クロスメディア戦略は成り立たない**と言い切って構いません。

私がリストの重要性を肌で感じたのは、前職の金融機関の融資担当者時代でした。リスト化による成功体験がなければ、今日の私は存在しなかったかもしれません。

私は入社後、通常1年間は研修のところ6ヶ月目で突然支店に配属されました。支店の周りは山と畑ばかりで営業マンは私を含め3人。支店全体でも10人しかいません。一番の問題は、私の担当地域の前任者は営業成績が全店でビリだったことです。さらに、前々任者は下から3番目でした。前任者、前々任者の能力はわかりませんが、地域だけを見れば最悪の状況です。

私の社会人としてのキャリアは、そんな冷遇から始まったのです。この支店の営業手法は「**数字は足で稼ぐ！**」という昔ながらのもので、1日何件のお宅を回ったかがひとつのノルマになっていました。合言葉は「**どれだけ汗を流したか**」。1日の訪問先の住所・名前・反応などを毎日、上司に報告するのが日課でした。

私は手法を2週間試した時点で「このやり方ではうまくいかない」ことを悟りました。なぜなら前任者、前々任者も失敗していたからです。そこで私は、自分のやり方を模索しました。幸運だったのは、商品選択の縛りがなかったことです。金融機関には、預金や積立・生命保険・損害保険・車のローンなどの商品がありますが、キャンペーンでなければ、どの商品を売っても良かったのです。もうひとつ運が良かったのは、書店で偶然『住宅ローンはこうして借りなさい』（深田晶恵著　ダイヤモンド社）を見つけたことです。この本には「住宅ローンの借り換えが流行していて、100万円以上の利益をあげるには、今がチャンス！」と書かれていました。住宅ローンには「新規」と「借り換え」がありますが、私が狙ったのは「借り換え」です。「新規」とは、新しく住宅ローンを組むことで、「借り換え」は、すでにどこかで組んでいる住宅ローンを他に乗り換えることです。具体的には、バブル時代に高金利で組んだ住宅ローンを今の低金利で借り直すことで、金利差によって利益が得られる仕組みです。

私が扱える商品で一番取引金額が大きいのは、この**「住宅ローン」**でした。預金や車のローンで1000万円単位の数字をあげるのは至難の業ですが、住宅ローンは最低でも1000万円からスタートします。横着な言い方をすれば、住宅ローンだけ売っていればすぐに成績は向上します。そのために住宅ローンを選んだこともありますが、リスト化できそうなイメージが先述の本を読んでいる段階から浮かんでいました。今回の場合の**リストとは、「住宅**

ローンの借り換えをやってくれそうな人が、ずらっと並んだもの」です。

なぜ住宅ローン借り換えの見込み客は、簡単にリスト化できるのでしょうか？

それは、住宅ローンを組んでいる人が掲載された書類が存在するからです。それは**登記簿**です。登記簿は、法務局が管理する不動産の台帳で、所有者の住所・名前・住宅ローンの銀行名・借り入れ金額・返済期日・金利（一部の銀行は掲載されていません）・債務者・連帯債務者などが堂々と書かれています。また、不動産の築年数は物件を見ればわかりますが、一般に分譲住宅はあたり一面を一気に販売しますので、同一時期に分譲された区画の登記簿が法務局で1冊にまとめられていました。登記簿は当時、1冊500円で閲覧可能でしたので、500円でリストを作れるなら身銭を切っても差し支えありません。登記簿を書き写して、住宅ローン借り換えの見込み客リストができ上がりました。例えば、金利が4％以上は見込み客、2％以下はすでに借り換え済みか最近できたばかりの物件か、または第三者に売却されたばかりといった具合です（なお法務局では、現在コンピュータ化されていますので、お金を払っても1冊丸々を閲覧することはできません）。

こうして「住宅ローン借り換えの見込み客リスト」によって、私は大きな成果をあげることができました。万年ビリの地域において、住宅ローンの月間ノルマに対して10倍の金額を成約できたのです。当時、ここまで住宅ローンに力を入れた営業マンはおらず、全店で1番になりました。しかし、私は特別なことはしていません。住宅ローンの借り換え手法を学び、登記簿謄本の存在を知って「この2つは結びつくかも」と思いついただけです。そういう発想が勝因です（なお、ここで話したいのは**リスト化の重要性**ですので、このリストでどのようにアプローチしたかは、割愛させて頂きます）。このように、**リスト化の威力は絶大**です。

なぜ、この事例を取り上げたかというと、私が「集客」で実践していることは、この3年間ほとんど変わっていないからです。私のマーケティングスキルはこの事例に集約されています。

それは、**日頃から「リスト化しよう」と意識して様々な情報を見ること**です。


さて、リスト化のもうひとつの効果は「心の拠り所」です。リストは、疲れた心を癒してくれる清涼剤であり、**リストがなければ、いきなり奈落の底に落とされるのと同じ**です。

どういうことでしょうか？

私は、前述のように「離婚したい人、離婚した人」リストを6500人分持っています。例えば著書の販促キャンペーンを行う際、2週間の販売目標値を2000冊とします。目標達成には、6500人の3％強にお願いを聞いて頂ければ良いのです。難しい話ではありません。

もしもリストなしに、この数字を達成しようと思ったらどうでしょうか？

友達にお願い行脚するのでしょうか？　ブログを毎日更新するのでしょうか？

目の前は真っ暗です。そのような方法では実際どのくらい売れるか全く不確定で、何とも胃の痛い話です。先述の住宅ローンも考え方は同じです。登記簿から作成したリストは、およそ300件でした。目標値は年間1億円。1件あたり2000~5000万円ですから、目標達成には100人にひとりが成約してくれれば問題ありません。リストを持っていれば、アプローチする前から「これだけあれば大丈夫だろう」と落ち着いた気持ちで、商談も平常心で行えます。お客様が借り換えを渋っていても「借り換えしたければお力になりますし、また後でも構いませんよ」と、心に余裕をもって商談にあたることができて、目先の1件に拘《こだわ》る必要はなくなり、こちらが頭を下げる必要はありません。これが「**心の拠り所**」です。

本書ではセールス方法は触れませんが、良書をご紹介します（『売り込まなくても売れる！―説得いらずの高確率セールス』ジャック・ワース、ニコラス・E・ルーベン著　フォレスト出版）。この本には、セールスマンがお客様に頭を下げるのではなく、お客様からセールスマンに「その商品を売ってくれ。頼む」と言わせるための手法が網羅されています。

■なぜホームページで集客すると早く成果が出るのか？

ここでは「集客」についてお話しします。お客様を集めるツールは、ホームページだけではありません。それ以外に、対面販売や電話セールス、手紙やFAXもあります。これらは従来からあったツールですが、ホームページは1998年頃から登場しました。比較的新しいですが、今はどこの会社でも自社のホームページを作っています。

しかし、私は何も「新しいツールだから」「皆使っているから」という理由で、ホームページ戦略を進めているわけではありません。新しいもの、皆が使っているものに追随していくと、うまくいくどころかライバルが増えることで、かえって失敗が多くなります。

ホームページ戦略には競合が多いのに、なぜ本章であなたに勧めるのでしょうか?

それは、ホームページを集客ツールとして採用することで、**早く簡単にお金をかけずに、お客様を集めることができる**からです。初心者でも比較的成功する可能性が高い方法です。

なぜ、ホームページで集客すると、高い確率で成果が出るのでしょうか?

それは、使い手の意識に関係なく、**マーケティングを実践する上で必要な要素が、すでに揃っている**からです。どういうことでしょうか?

マーケティングに必要な要素は今回の場合、次の2つを指します。

①自動的に、顧客をリスト化できる

②自動的に、顧客をふるい分けできる

①の重要性は前述した通り、売込みのアプローチ前にアプローチ先を確保しておくことです。

アプローチ先とは、その商品やサービスを購入する可能性のある人、つまり見込み客です。ホームページで集客することで、あなたが寝ている深夜も遊園地で遊んでいる休日も、ホームページはせっせとリスト化作業を行ってくれます。こうして、見込み客の数を自動的に増やすことができるのです（その具体的な方法については194ページでお話しします）。

もうひとつの必要な要素は、顧客の「ふるい分け」です。「ふるい分け」とは、商品やサービスを購入する見込みの選別、さらに優良顧客と冷やかし客の選別です。ホームページを使うことで、リストに組み込まれるのは商品やサービスを購入する見込みのある人と、優良顧客だけです。購入見込みのない人や冷やかしで訪問した人を最大限、排除することができます。

なぜ、そのようなことが可能になるのでしょうか？

それは、インターネットの特徴を考えるとわかります。お客様があなた自身や会社を知ってもらうのに、ホームページはひとつの広報ツールですが、存在を知ってもらう手段として**検索エンジン**があります。お客様はパソコンを開き、検索エンジン（Yahoo!・Google など）に適当なキーワードを入力すると、関連するホームページが羅列されます。その中から興味があるものをクリックし、ホームページに画面が切り替わる仕組みです。

検索エンジンの一番の特徴は「**お客様が自分の意思でキーワードを選んでいる**」ことです。自分の欲しい情報がありキーワードがわかっていれば、検索作業が可能です。そのため、どのキーワードを選択すれば情報が表示されるのか、自分の頭で考える必要があります。

一方、自分が欲しい情報が漠然とわかっていても、関連キーワードが頭に浮かばなければ、検索エンジンを使うことができません。パソコンはキーワードを教えてくれませんので、自分で試行錯誤して考える必要があります。例えば、あなたが「オカピ」がいる動物園に行きたいとします。そこで検索エンジンで「オカピ」と検索すれば、横浜のズーラシアや上野動物園のホームページが表示され、そこに行けば見られるとわかります。

しかし、オカピの姿がイメージできても「オカピ」の単語が浮かばないとどうでしょうか？オカピの特徴は、足はシマシマで胴体は茶色、顔はキリンですが、私が「足はシマシマ、胴体は茶色、顔はキリン」という複合キーワードでGoogleを使って検索したところ、動物園のホームページは表示されませんでした。つまり、オカピが「オカピ」という名前の動物だとわからなければ、ズーラシアや上野動物園に辿り着くことはできないのです。

もうひとつの例で「税金、相談」というキーワードで検索をした人がいるとします。この人は税金に関する悩みや問題を抱えており、誰か相談相手を探すためにインターネットを使いました。「税金、相談」の単語で検索すると、国税庁・税務署・税理士事務所のホームページが表示され、ホームページを見て信頼・安心できる相談相手がいれば、実際に「相談する」という行動を起こすのです。つまりホームページの場合、こちらから「税金の相談をしてください」とお願いしなくても、お客様の方からこちらにアプローチしてくる仕組みです。

したがって、お客様が検索エンジンを使って情報を得る場合、2つの条件が必要になります。

1．自分が何の情報を求めているのかを知っていること

2．その情報に関連する単語がわかっていること

つまり、お客様は自分が何に悩んでいるか、どんな問題に直面しているかが明らかで、さらに悩みであればどういう悩みか「単語を使って」相手に説明できることです。このようにインターネットの特徴として、お客様は検索エンジンを使うことで誰かに言われることなく、各ホームページ宛に**自分で積極的にアクションを起こす**のが、大きなポイントです。

ところでホームページは、他の広告媒体と特徴が異なります。ホームページ以外で、テレビやラジオでしたらCM、新聞や雑誌の場合は紙面という形で、情報が私たちの目や耳に飛び込んできます。

では、そういったCM情報を私たちが欲しているのかというと、どうでしょうか？

望むかどうかに関係なく、半ば強制的に情報が届けられます。つまりCM情報発信には、**お客様本人の意思は考慮されない**のです。欲しい情報を欲しい相手に届けるのが広告代理店の仕事ですが、完全に一致はできません。例えば、日本人1億人に対してテレビCMを1億パターン作るような、1人ひとりに合わせてオリジナル情報を届けることは、不可能だからです。その点、ホームページの場合は先述したように、**お客様の情報への意識が他媒体に比べて高い**のが特徴です。結果、**ホームページは他の媒体に比べて、高い確率で集客ができる**のです。これが、「ホームページ戦略は初心者でも比較的うまくいく」理由です。

現状では、ホームページ戦略を実践するのにそれほど高い障壁はありません。テレビ・ラジオ・新聞・雑誌と違い、電波や紙を買い取るわけではないからです。ホームページ作成には、専用ソフトの購入費として1万円前後、レンタルサーバの初期費用として5000円、維持費が毎月350円といった費用がかかりますが、このお金を出せれば明日からでもホームページ戦略に取り掛かることができます（金額は、本書執筆時点のものです）。ちなみにこの金額は、私が現在使っている「Do レジ」というレンタルサーバの金額です（詳細は http://www.do-reg.jp/）。また、ホームページ作成ソフトは IBM 社の「ホームページビルダー」を使用したものです（詳細は、http://www-06.ibm.com/jp/software/internet/hpb/）。

私の場合、現時点でホームページの1日訪問者数が2600人超です。会社には特にWeb担当者を置かず、私と秘書の2人でこの仕事を行っていますが、ホームページの作成や管理を業者に任せなくても、このくらいの実績をあげることは可能なのです。

ホームページは、開業当初に早く結果を出したい人には打ってつけのツールです。プレスリリースや出版・セミナーより、**まず先にホームページに着手すること**です。それは本章冒頭で挙げた理由だけでなく、資金面の理由もあります。開業当初、お金は限られています。開業資金が尽きてしまう前に、継続的に利益があがる体制を整えなければなりません。私は独立から現在まで、毎月ホームページから安定した売上を記録しているため、「お金が足りなくなるかも」と、不安にかられたことはありません。独立初月に、ホームページからの問い合わせだけで60万円を売り上げることができました。独立時期は2005年6月ですが、その時点で見込み客が200人、ホームページの1日訪問者は160人という数字でした。その後ホームページからの売上は毎月若干のブレはありますが、前月、または前年同月と比べ、2割以上減ったことはありません。独立前の2005年2月に「独立準備中」とホームページを公開しましたが、前職の片手間に作成したものでも、きちんと結果を残すことができたのです。

それに加えて、「戦略」を地道に行ってきた結果が実を結びました。

次から、具体的に実践方法についてお話ししていきます。

■インターネットマーケティングの3原則をおさえる

ここからは、ホームページを使った「戦略」、インターネットマーケティングについてです。インターネットマーケティングの原理原則は次の3つです。

1．ホームページにアクセスを集める
2．訪問者に見込み客になってもらう
3．見込み客に商品やサービスを購入してもらう

この3つが達成できれば、自分が望む売上を安定的に得ることができます。流れとしては1から順に2、3と進めていきますが、それぞれ達成するには次のような考え方をします。

A．ホームページにたくさんのアクセスを集めるためには、何をしたら良いか
B．訪問者に高確率で見込み客になってもらうには、どうしたら良いか
C．見込み客に高確率で商品やサービスを購入してもらうには、どうしたら良いか

この3つを突き詰め、何をすればプラスやマイナスになるか考え、プラスになる情報や知識・テクニックを順次取り入れて実践します。**1から3が目標、AからCが方法論**です。Aを実践した結果、1が達成され、同様にBなら2、Cなら3が達成できるといった具合です。インターネットの世界では、今までにない新しいツールやテクニックが突然現れることがありますが、そのツールを使うか迷った場合は「1から3を達成するためにプラスになるか」という観点で取捨選択するのが良いでしょう。本書はテクノロジーの進化があっても、その影響を受けない内容に限定しています。ただし、原理原則だけで理解することは難しいと思いますので、極力、具体的な最新情報に絞って掲載しています。

どんな情報にも寿命がありますが、特にインターネット分野は、移り変わりが早いです。もし実践してうまくいかない時は、情報が寿命切れの可能性があります。その場合は先述の原理原則を押さえつつ、ツールを別のものに変えて実践してみましょう。

■検索エンジン対策の重要性

さて、ここからは1から3の目標を達成するため、方法論を順番に見ていきましょう。

まず最初は、1を達成するための方法A「ホームページにたくさんのアクセスを集めるためには、何をしたら良いか」についてです。ホームページに多くのアクセスが集まれば、見込み客も増えますし、そうすればたくさんの商品やサービスを購入してもらうことができます。そういう意味で、まずは1を達成するためにできるだけあらゆる手を尽くすことになります。

ホームページのアクセスを増やすには、**お客様があなたのホームページに辿り着くまでの履歴を辿ってみる**必要があります。つまり、お客様の目線に立って「どうしたらアクセス数を増やせるのか」検証するのです。例えば、私が管理運営している「離婚サポートnet」というサイトがありますが、2008年2月11日（建国記念日）の訪問者数は2215

人でした。このうち118人は検索エンジン以外から、残り2097人は検索エンジンから辿り着いていました。検索エンジンにはYahoo!とGoogleの二大巨頭がいますが、アクセス状況をみると、Yahoo!が58%、Googleが26%、残りがその他という内訳でした。このように現状を踏まえた上で、検索エンジンから自社サイトへ流入を増やすために手を施します。仮に、あなたがホームページ作成後にそのまま放置した場合、アクセス数はゼロに近いままです。パソコン画面を見ているだけでは、お客様があなたのホームページに訪れることはまずありません。なぜなら、**お客様が一定の確率で訪れる「対策」をとっていない**からです。

では、定期的にお客様が訪れ安定的な売上のホームページは、どんなものでしょう?

ホームページにたくさんのアクセスを集める方法のひとつは、**検索エンジンの検索結果で上位に表示されること**です。仮に、あなたが税理士だとした場合「税金、相談」というキーワードで検索し、検索結果の上位に自社ページが表示されることが望ましいでしょう。しかし、何の策も講じていなければ検索順位は100番目くらいです。これは、競合他社がすでに対策を講じているからです。検索エンジンの検索結果を自分の思い通り(上位に表示される)にすることを、専門的にはSEO(検索エンジン最適化)といいますが、この対策をすれば、ホームページからの問い合わせだけで毎月50万円、100万円の売上を上げることも夢ではありません。私の場合、キーワード「家庭裁判所」で4位、「離婚調停」で6位に表示されています（注：検索エンジンGoogleの場合　2007年12月28日現在）。結果、ホームページ開設時の2005年2月時点で自社サイトの1日のアクセスはわずか20でしたが、2年後にはアクセスが常時2000を超えています（注　アクセスはクリック数ではなく、訪問者数です）。アクセスを100倍にするのに、それほど時間はかかりませんでした。

最後に、本書はSEOの専門書ではありませんので、詳細については特に触れません。また、ホームページの作り方についても表記しませんが、SEO対策の詳細なテクニックについては、次の良書をご紹介します。『ヤフー！・グーグルSEO対策テクニック』（鈴木将司著　翔泳社）少し古い本ですが、SEO対策について私は、本書以外のテクニックを実践していません。それでも結果として、前述のような実績をあげることができています。

専門家インタビュー

日本ではSEO対策の第1人者で、関連著書を多数出版されている鈴木将司さんにお話をお伺いすることができました。

露木　対面セールスや郵送、ＦＡＸのダイレクトメールを旧来の媒体とすると、ホームページの優位性は？

鈴木　優位性は４つあります。ひとつは検索エンジンです。お客様は自分で情報を調べる情報追求のマインドが高いので、こちらとしては良いタイミングで情報を提供することができます。一方、旧来の媒体では、お客様が望んでいないのに無理やり（視界に）割り込んでいたため、情報が欲しい相手に提供できるかどうかはたまたまで、顧客転換率も低いという結果になります。

露木　それ以外の優位性はどうでしょうか？

鈴木　２つ目は情報を無限に提供できる点です。映像にしろ紙面にしろ、提供できる情報は限られていて、特に旧来の媒体は資本の論理（お金を出せば多くの宣伝ができる）が働くため中小企業にとっては手の届かない手法でしたが、インターネット上では資本の論理に関係なく、いくらでも情報を提供できます。

露木　私も資本の論理で痛い目を見ているひとりです。資金面では、どうしても大企業にかないません。

鈴木　３つ目は信用力です。ホームページは、会社が世の中に存在する証です。例えば、名刺に自社サイトのＵＲＬが書かれていなかったら、また自社サイトにたいした情報が書かれていなかったら……お客様に信用してもらうことはできません。

露木　そうですね。本書でもホームページの情報量が信頼につながることを指摘しました。

鈴木　4つ目は小売が不要になり、中間マージンをとりにくくなることです。例えば、インターネット上でメーカーが直販ショップを立ち上げ、小売なしに商品を売ることが可能です。実際amazonや楽天では、メーカーの直販ショップが増えています。リアル店舗は、立地に魅力があれば今後も残るでしょうが、ネット上の小売店はこれから淘汰されていくでしょう。

露木　なるほど。参考になりました。ありがとうございます。

◎**鈴木将司**（すずき・まさし）

株式会社セミナーチャンネル代表取締役。メディアネットジャパン代表。オハイオ州立アクロン大学経営学部、クイーンズランド州立大学教育学部卒業後、オーストラリア、アメリカにて教員の傍ら、ホームページ制作会社を1996年に設立。ホームページ制作業界のパイオニアのひとり。日本に帰国後、パソコンソフト大手ソースネクストのウェブマスターを経て全国で毎月20を超える検索エンジン対策セミナーで講師を務める。セミナー受講者累計5000名、個別指導するホームページ制作会社、顧問先の検索順位を引き上げ、売り上げを伸ばすために全国を飛び回る。

著書に『御社のホームページをヤフー！・グーグルで上位表示させる技術（東洋経済新報社）』『ヤフー！・グーグルSEO対策テクニック』（翔泳社）などがある。

■弱者のためのインターネット「生き残り戦略」

ここであなたにお伝えしたいのは、SEO対策を施す前の「**キーワード選び**」です。「キーワード選び」を間違えると誤ったキーワードで上位表示され、ホームページ戦略は失敗します。失敗とは「**一定のアクセス数は達成できても、見込み客が一向に増えない**」ことです。基本的にSEO対策では、複数のキーワードで上位表示することができません。例えば、A、B、Cというキーワードがあって、Aで上位表示することは可能ですが、Aで検索しても、Bでも、Cでも上位に表示される対策は施せません。これは検索エンジンのアルゴリズム（コンピュータに指示させる時の手順）上、仕方がないことです。したがって、どのキーワードで検索した場合に上位表示されるか、事前に無限にあるキーワードから特定し、先述の例でいえば「Aか？　Bか？　Cか？」を取捨選択する必要があります。

このとき、適切なキーワードを選べないと悲惨なことになります。望まない層ばかりホームページにアクセスをしてきた結果、**反響率**（インターネットマーケティングの原理原則2に対する方法B「訪問者に高い確率で見込み客になってもらうには、どうしたら良いか」）**がゼロに近くなり**、見込み客がいっこうに増えずに成約まで至らない結果になってしまうのです。

ＳＥＯ対策は「キーワード選び」ひとつで台なしになる危険をはらんでいますが、キーワード選びはホームページ戦略で特に重要ですので、もう少し詳しく見ていきます。

まず、適切なキーワード選択には当然ですが、**お客様の声に耳を傾けること**です。もっといえば「どのキーワードで検索して私のホームページに辿り着き、仕事を依頼して頂いたのですか？」と、直接お客様に聞いてしまうことです。ただ業種によっては、お客様にそのような質問ができないこともありますし、お客様もどの単語で検索したか記憶に残っていないこともあります。「お客様に直接聞く」と言っても、厳密には質問をするわけではありません。検索エンジンで、「お客様がどのようなキーワードを選択してホームページに辿り着き、見込み客になり、成約していったのか」システムを使って追跡することが可能なのです。

ただし、この追跡システムの話の前に、まずは「適切なキーワード」の定義をきちんと押さえる必要があります。それは「たくさんアクセスが見込めて高い確率でリスト化でき、多くの成約が見込めるキーワード」ではないことです。厳密には誤りではありませんが、これから新規参入する人にとっては**誰でも思い浮かぶような人気キーワードは、すでに競合他社が押さえてしまっている**からです。インターネットマーケティングに熱心な会社は、ＳＥ

O対策を2002年頃から実践していますが、自分の頭で思いつくようなキーワードはすでにライバル社がばっちり対策を講じています。それでもSEO対策を頑張って、人気キーワードで上位表示できればそれに越したことはありませんが、競合他社は何百万という金額を用意して業者に対策を委託しています。その状況で、新しくホームページを作成するあなたがガチンコで戦っても、無残な結果になるのは目に見えています。例えば、私の場合「離婚」「養育費」「財産分与」などが人気キーワードになりますが、このキーワードで検索しても私のホームページは、Yahoo!・Googleを問わず上位10番目までに登場しません。なぜなら、これらのキーワードには何も対策を行っていないからです。

では、ここまでホームページ戦略の話をしておいて、その結論は「ライバルが強力すぎるから、ちょっと無理」なのでしょうか？　私は白旗を挙げて、諦めてしまったのでしょうか？

そんな結論では、この本はあっと言う間に古本屋に売られてしまいますよね。新規参入の時期を逸し、ライバルがウジャウジャひしめいてる状況でも、きちんと結果を残す方法は存在します。すでに飽和状態の業界で生き残るには、**ニッチ戦略**を使うのです。

ニッチ戦略はプレスリリース・出版と続き、3回目の登場になります。ただ私は、あなたがその順番で本書を読み進めているかわかりませんので、いきなりこのページから読んでいる方のためにニッチ戦略の定義を一言だけお話しします。「**大企業が幅をきかせている分野で**

中小企業が戦っても勝ち目はないので、企業が参入してこない、小さな分野に狙いを定める」これがニッチ戦略です。

ホームページにも、ニッチ戦略をそのまま当てはめます。今回の場合、大企業とは「離婚」「養育費」「財産分与」のキーワードで上位表示される同業他社です。同じキーワードでは太刀打ちできません。そのため、このような誰もが思いつく人気キーワードではなく「**隙間に転がっていて、誰も見向きもしないキーワードを探してくること**」が今回のニッチ戦略です。例えば、一見粗末で汚い石は、好き好んで拾うことはありません。仮に、泥やホコリを取り除けば中身は綺麗かもしれませんが、取り除く作業は手が汚れるし手間がかかるので誰も積極的には行いません。そこで、あなたがその作業を買って出れば良いのです。

同じように、隙間に転がっているキーワードは掘り出し物ですが、見つける方法を知る必要があります。掘り出し物キーワードを探す方法は、B級品のブランドバックを探すのに似ています。例えば、銀座のロードサイドにあるブランド直営店では、そのバックに100万円の値打ちがついているとします。予算が50万円だとすると、とても手が届きません。しかし、同じ型番・デザインのバックでも、アウトレットショップや質屋であれば50万円でも購入できる場合があります。同じバックでも、買う場所によって金額が半分になることがあるのです。そのようなアウトレットショップや質屋がどこにあるのか、探し出すことがポイントです。

今回でいうと、SEO対策をしている競合他社がなく、なおかつ自社にきちんと利益をもたらしてくれるキーワードが「ブランドバック」であり、このバックを半値で買うことができるアウトレットショップや質屋がどこにあるかという話です。

では、**どうやって探せば良いのでしょうか？**

■誰でもできる、掘り出し物キーワード探しのヒント

ニッチでも売上に結びつくキーワードの見つけ方は、**「数打てば当たる」方式**だと考えています。「数打てば当たる」は何の脈略もないイメージですし、数を打たずに効率的に「適正なキーワード」を探せれば良いかもしれませんが、今回に限っては**数を打たなければどうしても当たらない**のです。

それは、どういうことを意味しているのでしょうか？

私たちは商品やサービスを提供する側ですが、この立場は変えようがありません。この立場にいる限り、いくら頑張ってもお客様の気持ちに辿り着くことはできません。なぜなら、人間はどうしても下心が出て、お客様の気持ちを考えずに「何はともあれ、売れればそれで良い」という感情を持つからです。だからこそ「意識して」お客様の本音を聞く工夫をする必要があ

ります。「お客様の本音を聞く」とは、お客様が私たちの商品・サービスを購入する場合、**どのキーワードで検索するか**です。私たちは事業者である以上、どうしても先入観や思い込みでキーワードをこじつけてしまいがちです。つまり、「提供する側の都合」でキーワードを決めつけるのです。ここでは「人間にはそういう習性がありますので、意図的にお客様の声を聞かなければならない」ことを覚えておいて頂ければ、それで十分です。

ところで先日、事務所に来られたクライアントが「離婚した後、自宅をリフォームしたいという潜在的なニーズがあるんじゃないかな。今まで離婚した人のリストを活かして、不動産業者と組んでみたら面白いと思うんだけど」と言いました。

離婚すれば、世帯構成も変わります。例えば、夫が自宅を出て母子3人で暮らす場合、夫の書斎や寝室は不要になるので、その部屋を取っ払って子供が遊べる空間にしたり、ガーデニングができるスペースにしたりするリフォームが流行るだろう、と言うのです。私はこの話について、「実際に、お客様がそのような依頼をされたのですか？　直接お客様から『リフォームをやってみたい』という依頼を受けたのでしょうか？」と切り返しました。

私は、離婚して将来の経済的不安を抱える母子家庭が、何百万もかかるリフォームを進んで行うとは、インスピレーションが湧かなかったのです。その人は「いや。○○総研の人が『アメリカで離婚リフォームが流行っている』と言っていたから……」と答えました。

私は占い師ではないので、将来を確実に予測することはできません。アメリカのように、日本で離婚リフォームが流行る可能性もあるでしょう。ただ、お客様が「やって欲しい」と申し出てもいないのに「離婚リフォームは流行るはず」と見切り発車してしまうのは非常に危険です。もし、日本国内にそのようなニーズが全くないとしたら……これは大変なことになります。

今のやりとりを簡略化すると「持ち家がある人が離婚する」→「家の間取りが世帯構成に合わなくなる」→「家の間取りを変更したい」→「じゃぁ、リフォームしよう」ということです。

しかし、この展開がお客様の望んだものか、事業者の勝手なこじつけなのか、冷静に判断しなければなりません。**冷静に物事を判断するためには、誰が見ても客観的な「数字」が必要になります。**数字を判断材料にして、発車するかしないかを決定するのです。ちなみにその方は、離婚リフォームを新規事業として乗り出すか決める際に、判断材料となる数字を持ち合わせていなかったので、私は「やめておいた方がいいですよ」とアドバイスしました。

これから「数字の作り方」についてお話ししますが、キーワード選定も考え方は同じです。とにかく数を打って「どのキーワードにするか」「本当にお客様のニーズがあるキーワードか」判断する数字を揃えて証明するのです。数字が揃えば確率の高いものから順に選べば良い訳ですから、**数字作りの作業がきちんとできれば、本章の内容は会得したも同然**です。

■ライバルより一歩前に出る「キーワード拾い読み」とは？

「キーワード探し」について、私が実践しているのは次の3つです。

- **関係する新聞記事・雑誌・書籍をキーワード中心に読む**
- **お客様の相談内容を分析する**
- **イメージトレーニングする**

まずは「関係する新聞記事・雑誌・書籍をキーワード中心に読む」についてです。例えば、鉄砲をたくさん撃つためには、「標的」を探す作業が必要です。同様に「適正なキーワード」を見つけようと単語を集めますが、自分のボキャブラリーや記憶力には限界があります。そこで、適正なキーワード候補を集めるため、既に活字化されている新聞記事・雑誌・書籍などの力を借ります。つまり、**活字媒体からキーワードを引っ張ってくる**のです。

この方法のコツは、**本文を一生懸命読まない**ことです。一生懸命読むといろいろな雑念が入ってしまい、本来の作業を邪魔してキーワードを拾い損ねるからです。私は基本的に文章を読まず、キーワードだけに目をやり「キーワード拾い」に専念します。例えば、私は2007年9月に「社長1人でデキる！　中小企業のためのクロスメディア戦略」という新サイトを作りました（詳細は、http://www.551224.jp/prs.html）が、アクセス向上のためにキーワード選定したときの話です。媒体は『宣伝会議2007年9月号（宣伝会議）』を使い、題材は次の一文です。「『メディアとコンテンツを掛け合わせたコミュニケーション手法』という意味ではクロスメディアとメディアミックスは本質的には変わりません。またウェブサイトやモバイルといった新しいメディアも、コミュニケーション上の『ツール』と言う意味では、従来のマス媒体と変わりません」（62ページ・上段本文5〜12行目より抜粋）

この本文そのままを読んでしまうと、「なぜクロスメディアとメディアミックスは、本質的には変わらないのか？」「新しいメディアの参入で、その定義は変わらないのか？」といった疑問や感情が芽生えてしまいます。しかし、キーワード拾いの目的は、内容を突き詰めることではありません。あくまで**キーワードを機械的に抽出すること**です。例文からは、「コミュニケーション手法」「クロスメディア」「メディアミックス」「ウェブサイト」「新しいメディア」「マス媒体」というキーワードが該当します。その上で「『メディアミックス』で検索した人は、自分のところの商品を買わないだろうか？」「『コミュニケーション手法』ならどうだろう？」「『クロスメディア』では？」といった具合に、どのキーワードが検索エンジン対策に有効なのか考えます。これが「キーワード中心に読む」です。「**このキーワードを検索エンジンにかけて、自社のホームページに訪れる人はいないか？**」の発想が大事です。その視点で文章を読むと「この単語はどうだ？　ではこれは？」と、次々にキーワードを拾えるようになります。なお、『宣伝会議2007年9月号』では、約250のキーワードを抽出できました。「キーワード拾い読み」は雑誌だけでなく、新聞や書籍でも同じように行います。

さきほどの例では、『宣伝会議』の他に以下の活字媒体を使いました。

・新聞＝『日経流通新聞（日経MJ）、2007年9月〜12月分』

・書籍＝『メディアと広報 プロが教えるホンネのマスコミ対応術』（尾関謙一郎著　宣伝会議）、『テレビであなたの商品・会社をPRするとっておきの方法』（吉池理　日本能率協会マネジメントセンター）

雑誌1冊、新聞1紙、書籍2冊を使って、約1000個のキーワードを抽出しました。

■ひとつのキーワードで出版も実現できる？

ここでは、「キーワード探し」の2番目「お客様の相談内容を分析する」についてです。あなたがどんな商品やサービスを提供しても、お客様の問い合わせなしに商売は成り立ちません。購入前には「自分にも使いこなせるか？」「壊れた場合はどうするか？」など、お客様とやり取りする中で、お客様が発した言葉を拾ってキーワード抽出していきます。この作業をするには、**問い合わせ内容が記録に残っている**ことが前提です。お客様とのやり取りは電話・

FAX・メールが中心になりますが、特に電話の場合、最低限の通話内容はメモにとっておく必要があります。そうしなければ、通話内容を当事者の記憶から引っ張り出すのは相当困難だからです。日頃から通話内容を、きちんとデータに残すように心がけるのが良いでしょう。

私の場合、この方法でひとつ、掘り出しもののキーワードを見つけたことがあります。それにより、後日、大きな恩恵を受けることになりました。そのキーワードとは「**認知**」です。「認知」という言葉はこれまで、「婚姻していない男女間で産まれた子について、父親が自分の子であると戸籍上、認める行為」という意味で使われていました。戸籍法上の専門用語です。

しかし、2004年から状況が変わりました。「痴呆症」という言葉が差別的な意味合いのため、「認知症」と改名されてからです。例えば、電子書店amazonで「認知」を検索すると、認知症絡みで介護関連の書籍ばかり表示されます。「認知」は2004年を境に状況が一変し、介護業界の専門用語になったのです。この状況は、戸籍上の認知問題に悩む人にとって困ったことです。「認知」とキーワードを叩いても、表示されるのは介護や老人ホーム、診療内科や精神科の病院ばかりで、問題当事者が求めているのは「戸籍上の認知の情報」なのに、検索の結果示されるホームページは認知症に関するものばかりです。当事者は、求めている情報と提供される情報に差異がある場合、不満を覚えます。

私は2005年9月頃、偶然にもあるお客様から認知について相談を受けました。30代女性からで「夫が浮気相手を妊娠させ、もうすぐ出産予定です。どうしたらいいでしょうか?」というものでした。私はそれまで、そのような問題が存在していることも知りませんでした。問題当事者は、数としてはそれほど多くないかもしれませんが、同様の問題を抱えて困っている人が他にもいるかもしれません。そこで、「子供の戸籍」「将来の養育費」「妻からの慰謝料請求」について正しい知識や情報を提供する必要があると考え、作成したのが次のホームページです。

http://www.tuyuki-office.jp/rikon336.html

「認知」というキーワードを、たまたまお受けした1件の相談から見つけることができたのです。ちなみに2008年2月17日時点では「認知　養育費」では3位、「認知　慰謝料」では1位、「子　認知」では3位にさきほどのホームページが表示されています（すべて検索エンジンGoogleより）。また「認知」関連のキーワードで検索し、私のホームページに辿り着いた人は、1日46人に上ります（2008年2月17日現在）。これは私が、このキーワードを使って検索する人はお客様になると思い、SEO対策を講じた結果です。

最後は、「キーワード探し」3番目「イメージトレーニング」についてです。これは、「お客様の立場になって実際に検索してみる」ことがポイントです。例えば、「夫が浮気相手を妊娠させ、もうすぐ出産予定です。どうしたらいいでしょうか?」と悩んでいる人がいるとして、パソコンでその予備知識を得たい場合、どのようなキーワードで検索するでしょうか?

もし、「認知」という戸籍上の専門用語を本人が知っていれば、「認知」をキーワードとして入れるでしょう。また、出産して欲しくないと思えばキーワードは、「中絶」や「堕胎」になりますし、さらに、愛人という立場で何ができるか考えれば「愛人　慰謝料」や「愛人　養育費」になるはずです。私は、イメージトレーニングで思いついたキーワードもSEO対策をしています。参考までに、「中絶　慰謝料」は9位、「愛人　養育費」は1位で、私のホームページが表示されます（2008年2月17日現在　Google の場合）。ここで大事なのは、**相談に再現性を持たせること**です。先述のような相談を受けたとして、問題を一緒に解決しただけでは、ひとりのお客様に感謝されるだけです。それはそれでよいことですが、その相談は「まぐれ」で終わってしまいます。したがって、「お客様の相談内容を分析」し「イメージトレーニング」することで関連キーワードを探し出し、適正キーワード候補をどんどん増やして今後も同様の相談が来る**「仕組み」を作る**必要があります。それがホームページ戦略です。

こうして、私は「既婚者の子を身ごもった女性」の相談を数多く扱うことで、1作目の出版が実現できました。「認知」というキーワードを見つけなければ、本の出版は実現せずに2作目・3作目も世に出回ることはなかったのです。そういう意味で「**ひとつのキーワードが人生を変える**」と言っても過言ではありません。それだけキーワード探しの効力は絶大です。今までの内容をよく理解された上で、この作業に重点的に取り組んで頂きたいと思います。

■適切なキーワードは『数字』で探す

「キーワード拾い」が完了したら、次の作業に移ります。先述のようにキーワード拾いを行っても、それらはあくまでこちらの**「思い込み」**でしかありません。悩みを抱えて困っているお客様が入力するキーワードと、キーワード拾いで抽出したキーワードが**「合致している保証はない」**からです。私たちが求めているお客様がその単語を使って検索しなければ、意味がありません。そのため、サービス提供者の気持ちと、お客様の気持ちとの差異を縮める必要がありますが、具体的には私たちの自分勝手な思い込み部分を排除する作業を行います。

この2つの差を縮めるには、**数字で実証する**とわかりやすいです。数字を示すことで「何となく」や「直感」ではなく、理詰めでお客様を連れてくるキーワードを見つけられます。実証には、オーバーチュア社が提供しているキーワード広告（PPC）を使います。キーワード広告とは、広告会社にお金を支払うことで検索結果の上段にリンク先を挿入できるものです。通常、SEO対策を講じて上位表示されるには3ヶ月～1年はかかりますが、キーワード広告の場合、広告審査に引っかからずにお金の支払いを済ませていれば、即日表示されますので、キーワード検証に最適です。なお、オーバーチュアの加入方法や操作方法はここで解説しませんので、オーバーチュア社のサイト（http://www.overture.co.jp/ja_JP/）を参照してください。クレジットカードと掲載文面を用意しておけば、難しい手続は必要ありません。

　オーバーチュアを使う理由は、**「アクセス」と「反響」を数字で知るため**です。「アクセス」とは、キーワード広告をクリックして自社サイトを訪問した人の数、「反響」とは、訪問者のうち資料請求やメルマガ登録をして、個人情報を入力した人の数です。そして、訪問者のうちどれくらいの人が見込み客になったか、その確率が**反響率**です。**「適正なキーワード」を探すためには、アクセス数ではなく反響率を重視**します。そのため、いくらアクセスが集まっても、反響がなければそのキーワードは「適正ではない」と烙印を押されます。

ここで理論だけお話ししても、なかなか現実的な理解は難しいでしょうから、207ページの「社長1人でデキる！　中小企業のためのクロスメディア戦略」の例を挙げたいと思います。

　例えば、キーワード「コミュニケーション手法」で検索した人が、キーワード広告をクリックして自社サイトのアクセスが増えたとします。しかし、いくらサイトに訪問してくれても、コンテンツを見るだけでそのまま立ち去っては意味がありません。訪問者が資料請求・メルマガ登録をして個人情報を入力してくれることで、初めてホームページはひとつの役割を果たしたことになるからです。立ち去った人が再度、サイトに訪問してくれる保証はありません。そこで「コミュニケーション手法」で検索した人が、本当に自社の見込み客になり得るかどうか、キーワード広告で検証します。私はこのサイトで、前述の約1000のキーワードを抽出し、オーバーチュアに登録しました。1000個のキーワードを管理画面上で競わせるのです。そして反響率の良かったキーワードだけ残し、悪いキーワードはアクセスが多くても削除します。「適正なキーワード」探しは、この繰り返しです。2007年10月1日～12月31日の期間、この方法でデータを集計しました。その中で、反響率が良かったのは次の通りです。

「新聞広告」＝3％、「知名度アップ」＝1.9％、「F1」＝1.8％

例えば「新聞広告」のキーワードで自社サイトに訪問した人のうち、100人に3人はメルマガに登録したという意味です（この当時は、見込み客の獲得ツールがメルマガだけでした）。この数字を高いと見るか低いと見るのかは、233ページをご覧になると、わかります。

一方、反響率が悪かったのは「個人事業主　宣伝」「インターネットマーケティング」などで0％です。つまり、このキーワードでアクセスする人がいても、見込み客にはつながらなかったことになります。この結果から、「新聞広告」「知名度アップ」「F1」のキーワードで検索した人は、自社の見込み客になる確率が高く、「個人事業主　宣伝」「インターネットマーケティング」で検索した人は、仮にその単語に興味があってクリックする人がいても、自社の見込み客にはならないことがわかります。もともと、このサイトが求めている顧客層は「メディア戦略に興味がある中小企業経営者または広報担当者」です。そのため「『インターネットマーケティング』のキーワードで検索する人は、最新のマーケティング戦略に興味があるから、きっと自社の顧客になってくれるはず」と思ってキーワード「インターネットマーケティング」をSEO対策に講じてしまうと大変なことになっていたでしょう。確かに「インターネットマーケティング」のキーワードが上位表示されればアクセス数は増えるでしょうが、いっこうに見込み客が増えないため連動して成約も増えず、もちろん売上も増えないからです。

このように、キーワード選定の失敗原因は、**サービス提供側の思い込みや先入観**です。しかし、この検証方法を実践することで失敗は回避され、思いつきでSEO対策をしている人より一歩前に出ることができるのです。

■最適なキーワードを選定する

ここで、一度おさらいをしたいと思います。本章のホームページ戦略は、194ページでお話ししたように「アクセスが集まり、訪問者が高い確率で見込み客になり、見込み客が高い確率で商品やサービスを購入してくれること」つまり、**アクセス増→見込み客増→成約増**という方程式が成り立ちます。これで、利益の最大化が達成できる流れになります。

しかし、アクセス増→見込み客減という状況では、成約増はありえません。アクセスから見込み客への経路がきちんとできなければ、最終的な成約増は達成できないからです。そのため、アクセスから見込み客への経路を戦略立てて行う方法が「キーワード選定」でしたね。これは、アクセスがたくさん集まるのではなく、見込み客に高確率で変わるキーワードを見つける作業です。その視点ですと、アクセス数ではなく反響率を重視するのかおわかり頂けたと思います。

さて、前述の例で「新聞広告」「知名度アップ」「F1」の3つのキーワードが、反響率が良くSEO対策に「適正なキーワード」であるとわかりました。今回に限らず、キーワード広告に多数の単語を登録すると、発見される適正キーワードは複数抽出されますが、基本的にSEO対策は1ページ1単語ですから、候補が複数あるとどれが良いか迷ってしまいます。今回、「新聞広告」「知名度アップ」「F1」の3つが適正キーワードだとわかっても、どの単語で対策を講じるかです。なお、SEO対策は「最低限の予備知識」と「経験」があれば、難しくありません。「最低限の予備知識」は、書籍に書かれている内容で構いません。「経験」は、今回のような検証作業を繰り返し行うことで、身につけることができるものです。

では、順番に検証していきましょう。まず、キーワード「**新聞広告**」に対策を講じるのは得策でないとわかります。いざ対策を講じても上位表示を達成できません。なぜなら、ライバルが新聞社のサイトだからです。

ところで、SEO対策のひとつに「**被リンク**」があります。被リンクとは「自社サイトが他のサイトからリンクされた状態」を言い、**被リンクが多いサイトが検索エンジンの上**

位に表示される仕組みのことで、新聞社のページには被リンクがたくさん張られています。なぜなら、一般の人がブログ（ネット上の日記）を書く際に新聞記事を引用する場合、引用元にリンクさせることが多いからです。そのため、新聞社自身がSEO対策を施さなくても無数の被リンクが貼られた結果、自然と上位表示されるのです。したがってキーワード「新聞広告」では、大手新聞社より上位表示されることはまずありませんし、検索エンジン上で大手新聞社相手にガチンコ勝負する方法は、**ニッチ戦略とは正反対**です。本章のホームページ戦略はニッチ戦略ですので、そこから外れてもうまくはいきません。

次に、キーワード「**F1**」も見込み客を集めるのに適しません。ここで意図する「F1」は、F1層、つまり20～34歳までの女性を指すマーケティング用語です。しかし、一般の人にとってF1といえば、サーキットの「F1」を連想します。仮にキーワード「F1」で上位表示した場合、サーキットに興味がある人のアクセスが集まり、マーケティングに興味がある人とは、基本的に重複しません。もし反響があっても、それは「**冷やかし**」の可能性が高く、F1マシンに興味がある人に資料請求やメルマガ登録をしてもらっても仕方がありません。このあたりはキーワード選定を何度も経験することで、経験則でわかるようになります。

最後に残った「**知名度アップ**」ですが、これは、優秀なキーワードだと考えます。なぜなら、商品の知名度を向上させ、自分自身が有名になりたい人が検索する単語だからです。この

「知名度アップ」で検索する人は、自社のターゲットと合致します。

これらの調査に基づいて、上位表示を狙うキーワードを「知名度アップ」に定め、２００７年12月末からＳＥＯ対策を行い、２００８年２月13日現在、上位30番目まで上がっています（検索エンジンGoogleより）。このサイトは立ち上げから４ヶ月経過し、１日の訪問者は１００～２００人で推移していますが、図１の「離婚サポートnet」で培った知識と経験をそのまつぎ込んでいますので、それよりやや早いペースでアクセスが増加しています。目標は１日の訪問者数２０００人ですが、このペースでいくと２年を待たず達成できるでしょう。

このように、キーワード選定は、正しい手順を踏んだ後は粛々と同じ作業を繰り返すだけです。まだ取り組んでいない方はできるだけ早く実践し、自分の想定するお客様が目の前に現れるよう、**仕組みを作る必要があります。**

■クロスメディア戦略には「断る勇気」が必要

さて、ここまで読まれて「ホームページにたくさんのアクセスを集めるためには、何をしたら良いか」おわかり頂けたと思います。ただ本章では、「集客」で完結せずに訪問者を見込み客に変え、さらに商品やサービスを購入してもらうところまで、つまり訪問者→見込み客→お客様という順番を目標にしています。

ここでは「訪問者に見込み客になってもらう」ことについて話を進めますが、読者の中には「なぜ訪問者にいきなり『お客様』になってもらうのではなく、いったん『見込み客』になってもらうのか？」「見込み客をすっ飛ばして、いきなりお客様になってもらった方が手っ取り早いのでは？」と、少し違和感をもった方がいるかもしれません。では、面識がなく話もしたことのない訪問者が突然お客様になるケース、いわゆる「イチゲンさん」から依頼を頂く場合について考えてみましょう。

「イチゲンさん」にとって、依頼する際にはホームページ上の情報だけが頼りになりますが、依頼理由は「同業他社と比べて料金が一番安いから」「たまたま検索エンジンの最上位にホームページがあったから」などが考えられます。いずれにせよ「私」に依頼すべくして依頼してきたのではなく、たまたま偶然に依頼しているのです。この場合、お客様との間に人間関係・信頼関係ができ上がっていませんから、「Aと言っているけれど、本当はBではないのか」と、「こちらの一挙手一投足に疑いの目を向けた」疑心暗鬼な気持ちを持ったままです。

一方、限られた情報だけでは、こちらに過度の期待を抱く場合があります。

例えば「親切丁寧に対応します」という宣伝文句は、都合よく解釈すれば「わがまま放題も大丈夫」となります。お互いの信頼関係ができてないので、正論が正論で通用しないのです。

図1　「離婚サポートnet」1日訪問者数の推移

年月日	訪問者数	年月日	訪問者数
2005年6月30日	264	2006年10月31日	1,215
2005年7月31日	159	2006年11月30日	1,344
2005年8月31日	221	2006年12月31日	1,083
2005年9月30日	464	2007年1月31日	1,715
2005年10月31日	585	2007年2月28日	1,563
2005年11月30日	694	2007年3月31日	1,382
2005年12月12日	408	2007年4月30日	1,435
2006年1月31日	916	2007年5月31日	1,839
2006年2月28日	920	2007年6月30日	1,528
2006年3月31日	776	2007年7月31日	1,874
2006年4月30日	780	2007年8月31日	1,312
2006年5月31日	1,130	2007年9月30日	1,798
2006年6月30日	1,236	2007年10月31日	1,939
2006年7月31日	1,289	2007年11月30日	1,931
2006年8月31日	1,472	2007年12月31日	1,213
2006年9月30日	1,106	2008年1月31日	2,388

(http://www.tuyuki-office.jp/rikon01.html)

しかし、私たちはお客様の「わがままを我慢すること」の対価でお金を頂いているわけではなく、提供する商品やサービスに値札通りの価値があるから、その対価として頂いているのです。このような押し問答をしてしまうと、人間関係が構築できないどころか、逆にマイナスの関係ができ上がります。通常の人間関係は「相手を信頼できる」ことが根本ですが、マイナスの人間関係は「相手のことが嫌いだ」というところから始まり、関係を続けてもマイナスの事象しか起こりません。つまり**「イチゲンさん」は、優良顧客と言えない**可能性があります。

したがって、「イチゲンさん」の仕事を請けてしまうとトラブルを誘発します。

私が「人間関係が築けていないことで遭遇したトラブル」には、次のようなものがあります。

・折り返しの電話を3時間後にかけたところ「そんなに待てない、もう解約する」と言われた

お客様との間に信頼関係があれば、こんな過激な発言にはなりません。「今日中には連絡してくれるだろう」と最低限度の待ち時間は我慢してくれるはずです。

・自分の意見が通らないと我慢ならない

私がお客様に提供するサービスは相談業務と法文書の作成業務ですが、基本的に法文書は法律に従って作成します。たまたま「法律に抵触するので希望通りにならない」と伝えると、自分の意見を優先するよう言ってきました。この発言が出るのは、お客様が疑心暗鬼の証拠です。

このほかにも開業初期に、「本当に使い物にならないんだから」と、捨てセリフを残して私の前から消えた人もいますし、お客様からの一言で数時間仕事に手がつかなかったこともあります。私もひとりの人間ですから、自分に落ち度がないのに誹謗中傷されると内心穏やかではありません。幸い、多くの失敗や挫折を繰り返しながら、どのように対処するのが良いか、きちんと答えを出すことができました。落ち度に関係なく、失敗事例を繰り返さないのが鉄則です。

では、「悪しき前例」を繰り返さないためには、どうしたら良いのでしょうか？

答えは「**依頼を受けない**」ことです。仮に依頼を受けた後でお客様が理不尽な態度をとった場合は、返金して依頼をお断りするのです。なぜかというと、本章でいう「集客」とは金儲けではなく「**お客様の声を集めること**」だからです。「お客様の声を集める」とは、こちらの好きな時にアンケートや聞き取り調査に協力してもらい、インタビューを受けてもらうことですが、「イチゲンさん」の依頼で信頼関係が構築できていない場合、アンケートや聞き取り調査の協力は、まず得られません。アンケートや聞き取り調査は、こちらの一方的な都合ですが、それでもお客様が進んで引き受けてくれるのは「あの時お世話になったから、少しでも恩返ししたい」と思うからです。その気持ちがなければ、こちらの都合で第三者の心を動かすことはできません。なお私は、現在まで法文書の依頼を約３５０件頂きましたが、お客様から返金や解約の申し出があったのはこのうち４件、また依頼段階でこちらからお断りしたのは14

件あります。

ところで、私は「握ったお金は離さない」考え方が存在することを知っています。２００８年2月23日の日本経済新聞一面に次のような記事があります。

「感情労働――自分の気持ちを押し殺し、相手に合わせた言葉や態度で対応する仕事のことだ（中略）モノがあふれる消費社会。値段や品質に大きな差がなければ、あとはサービスが勝負を分ける。顧客の要望を大事にするのは当然だが、働き手の笑顔が報いられる保証はない」

それはお客様の「**御用聞き**」のことで、お金の対価として何でも希望を聞いてあげるスタンスによって、実際に伸びている企業もあります。ただ本書のクロスメディア戦略は、御用聞きを推奨しません。ホームページ戦略だけで利益を最大化しても、あまり意味がないからです。

したがって、「握ったお金は離さない」考え方はとりません。ホームページ戦略で「お客様の声を吸い上げる」ことができなければ、他の3つのツールに取りかかれず、クロスメディア戦略全体が失敗に終わります。**「イチゲンさん」は積極的に断ることが大事です**。

私の会社では、訪問者↓見込み客↓お客様の流れが全体の8割に対し、訪問者↓お客様が2割です。私の理想の集客方法は、例えば資料請求によって私のプロフィールや経歴を読んで「この人なら信頼できる」とお客様自身が判断して依頼を頂くことや、メルマガに登録してもらってメールを何度も読んでもらい、時には感想や批評を頂きながら人間関係を深めて、依頼できる状況（例えば離婚することになった）になって初めて依頼して頂くことです。もちろん100人中100人が優良顧客であれば理想ですが、現実はそんなに甘くありません。

ただ、私とお客様の接触回数が増えれば増えるほど、信頼関係は深いものになりますので、訪問者→見込み客→お客様の段階を、きちんと踏んで頂くことにしています。

■あなた自身は優良顧客になっているか？

このように書きますと、「面識なく依頼をするお客様が悪い」という結論になってしまいがちですが、それは**間違い**です。お客様が過激なクレームを言ったり、前触れなく解約や返金を要求したりするのは、何も特別なことではなく「一般的な人間の心情心理」です。なぜなら、**私も同じような感情を持つことがある**からです。私は、前述したように住宅ローンの専門知識を持っていて、離婚問題の中でもマイホームを離婚時に処理する案件（不動産の所有権を夫から妻に移転するなど）を多く扱っています。その場合、不動産の登記手続が必要ですが、手続の代理は法律資格でいえば、行政書士ではなく司法書士になります。例えば、公正証書など法律文書の作成はこちらで行い、登記書類を法務局に申請するのは司法書士という具合です。

不動産の移転登記が絡む場合、現地の司法書士に仕事を委託する必要がありますが、私は主にホームページの集客ですので、クライアントは全国に散らばっています。大都市圏でしたら過去に依頼した司法書士を知っていますが、地方都市の場合は人脈が全ては及ばないので、時として、面識のない司法書士に仕事を委託しなければならないケースがあります。司法書士を探す作業は、一般のクライアントが私を探す場合と流れは同じです。例えば、栃木県佐野市の司法書士を探しているとして、検索エンジンで「佐野市　司法書士」と入力します。検索エンジンGoogleでこのキーワードを検索すると、上位10番のホームページに「佐野市に事務所を構える司法書士」は表示されません。佐野市の隣にある桐生市の事務所や、栃木県司法書士会佐野支部などは表示されますが、私の希望する「佐野市に事務所を構える司法書士」を検索エンジンで探すことはできません。そこで、栃木県司法書士会佐野支部の名簿を参考に探すことになりますが、名簿には住所・名前・電話番号しか書かれていません。「司法書士」と一口にいっても、債務整理や遺産相続・成年後見など多岐に渡り、私が求める「不動産登記に強い」司法書士かは、名簿だけではわかりません。その状況で依頼する理由は、「名簿の一番頭に名前が書かれていたから」だけです。「司法書士の資格を持っているから、移転登記もできるだろう。赤木さんでも青木さんでも、まぁ、いいか」程度で、彼らは選ばれるべくしてではなく、全く偶然の産物です。あなたがホームページで面識のない相手から受注した仕事は、この事例と同じです。あなたを「ご指名」ではなく、**偶然の産物**だとおわかり頂けると思います。

さて話は戻り、信頼関係のない司法書士に委託する私の心情心理です。面識がない人に、大事なお客様の登記手続を委託するのは正直、不安です。「本当にきちんとしてくれるのか」内心は相手を疑ってかかり、些細なことも過剰に気になります。専門的な話ですが、手続きの際にお客様は不動産の権利証を司法書士に預けます（2005年以降、権利証はペーパーレス化）。権利証は紛失すると、再発行できない大事な書類です。ある時、お客様から私に「司法書士に預けた権利証が戻ってこない」という連絡が入りました。事前に聞いた返還予定日から3日経過していたのです。すぐ確認したところ、スケジュールが立たずにお客様に連絡できなかったとのことですが、私は思わず声を荒げてしまいました。

ここで大事なのは、**「なぜ私が司法書士に、強い口調で文句を言ったのか」**です。それは**「今まで手塩にかけてきたお客様が、面識のない人のミスで離れてしまう」**不安からです。相手と関係ができていないと、ひとつのミスが余計大きく思え、さらに「相手が悪意でミスしたのでは？」とまで疑ってしまいます。それがもし今まで何度もお願いしている司法書士でしたら、私はナイーブに対応しなかったかもしれません。過去に仕事をきちんとしていれば、「たまの1回のミス」は「まぁ、たまには仕方ない」と片づく問題です。これは「面識も信頼関係もないのに仕事を依頼する人間がおかしい」ではなく、**信頼関係がないのに仕事を受けてしまう人間に問題がある**といえます。なぜなら、この司法書士は「いきなり依頼されて仕事を受けてやったのに、なんて奴だ」と思っているからです。

では、どうすれば良いのでしょうか？

このリスクを防ぐのは非常に簡単です。そもそも**「突然の依頼」を受けない**ことです。

私の場合、仕事は原則2週間～1ヶ月待ちの予約制ですが、この期間に名刺や資料を読んでもらいメルマガを購読してもらうことで、お客様との距離を縮めていきます。こうして信頼関係ができ上がった時点で依頼を頂くと、仕事がスムーズに運ぶのはもちろん、お客様から感謝されてクロスメディア戦略の源泉、「問題当事者の声を集める」作業に協力して頂けるわけです。

なお私も生身の人間ですので、「イチゲンさんを断る」ことを忠実に実行できていません。懇願されて断りにくい場合は「突然の依頼」を受けることもあります。止むを得ず依頼を引き受ける場合は、「特別に引き受けます」とお客様に理解してもらうことが大事です。私は「あなたは例外、特別扱い」とはっきり口に出します。するとお客様から「お願いされて止むなく引き受けた」扱いになり、こちらが主導して進めることができるためトラブルは少ないです。

■訪問者を見込み客に変化させるテクニックとは？

さて、ここまでは「ホームページを使って、お客様ではなく見込み客を集める」話をしてきました。では実際に「**どのような方法で見込み客を集めるか**」です。ポイントは、ホームページの訪問者にできるだけ「高い確率で」見込み客になってもらうことです。その確率が、高いほど良いという考え方です。見込み客を集める手段として、「資料請求」「メルマガ登録」などがありますが、集める方法はいわゆる**リスト化**です。リストがあればこちらからいつでもアプローチできますので、アプローチできる体制を整える必要があります。そのため、お客様の名前や住所・電話番号・メールアドレスなどの**情報**が必要です。例えばメルマガに登録してもらうには、「メールアドレス」を教えてもらうことですし、資料請求をしてもらうには「氏名」「住所」「郵便番号」を教えてもらうことです。メルマガ登録にせよ資料請求にせよ、お客様は自分の個人情報を大っぴらにすることになります。ここ数年、個人情報を悪用した詐欺や悪徳商法が急増して、メールでいえば際限なく送られてくる迷惑メールに絶句することも多くあります。そのため最近、情報開示に特に抵抗が大きくなり、ホームページにメルマガ登録や資料請求のフォームを掲げるだけでは、簡単に見込み客になってもらうことはできません。

一体何を工夫すれば、情報を「高い確率で」教えてもらうことができるのでしょうか？

また、訪問者が見込み客になってもらうには、何が必要でしょうか？

それは、**心の抵抗を取っ払ってあげること**です。例えば、メルマガで登録する「**必然性**」**を発生させる**ことです。お客様がどのような心情心理で登録するのか、登録する側の視点で考えるとわかりやすいでしょう。基本的には、「出版（98ページ参照）」や「セミナー（164ページ参照）」で話したのと同様に、「実際に受けたサービスが期待値を上回った場合、お客様は満足する」という**「期待値＜実際に受けたサービス」**の相関関係です。

ホームページ戦略でいう「サービス」「期待値」とは何なのでしょうか？

ここで言う期待値は**「こんな情報が欲しい」**、サービスは**「欲しい情報」**です。例えば、Aさんは「確定申告する際の中古車の減価償却の仕方」がわからずに、「減価償却　中古車」と検索し、「確定申告の完全マニュアル」というサイトを発見しました。サイトには、中古車の減価償却の仕方が詳しく書かれていてAさんにとって目から鱗の内容で、早速説明通りに中古車の減価償却を行って確定申告書を税務署に提出した結果、減価償却効果で納税額が5万円安くなりました。Aさんは、マニュアル作成者に手を合わせて頭を下げ、「困っている私を助けてくれてありがとう」と感謝したとします。この例で、中古車の減価償却がわからずにパソコンを叩いたAさんにとって、「中古車の減価償却を知りたい」が期待値、「サイト上に書かれた中古車の減価償却の説明」がサービスです。Aさんは「確定申告の完全マニュアル」のサイトを見つけて欲しい情報を得られた結果、心の中は「期待値＝サービス」となり、満足します。

このように、お客様が検索エンジンにキーワードを入力する場合、何か悩みや問題を抱えてそれを解決するため、または今すぐ使わないが「何かの時のため」の情報が欲しいのです。今回は、検索したサイトに一通り目を通した結果、有益な情報を得ることができました。

ところで、仮にサイトの内容が中古車の減価償却の計算式だけでなく、それ以上盛り込まれていたらどうでしょうか？　例えば「5年落ちの車を減価償却する場合の計算実例」「10万円以下の少額資産の場合、減価償却でなく1年間で全額経費計上できる」などです。すると、Aさんの感情は「思いがけない情報をもらえて、ラッキー」と変化し「期待値＜サービス」となり、満足度がさらに高まります。ホームページ作成に際し、この状況を意識することが大事です。

さて、このような心理状態の相手に、リスト化を図るとどうなるでしょうか？

例えば、Aさんの場合はホームページ上に「素人でもできる！　確定申告の裏技」というメルマガの登録や「税理士いらずに確定申告入門」という小冊子申込みのフォームを設置しておきます。Aさんとしては、「個人情報を悪用されたらどうしよう」「スパムメールを流されたらいやだな」と心理的抵抗もあるでしょうが、満足状態ではその抵抗を度外視して「また別の問題が発生した時に、助けてくれるかもしれない」という気持ちが優先されるに違いありません。なぜなら、サイト作成者とAさんの間に「信頼関係」ができ上がっているからです。結果的に、メルマガ登録や資料請求の申込みは容易になります。なお、Aさんは情報提供を受けて満足していますので、メルマガ登録ではなくいきなり確定申告の依頼をしてくる可能性もあります。

ただ、一度きりの情報提供・満足度向上では、信頼関係が強くありません。そう考えますと、**ホームページで情報提供するのは成約狙いではなく、見込み客狙いで十分**です。

ホームページの目的はあくまで**「見込み客のリスト化」**で、もちろんその段階で自社の利益は発生しません。利益に変わるのは、リストに対してアプローチする時点で（245ページ参照）、さきほどの「減価償却　中古車」の例では、来年の確定申告時です。仮に2008年3月にメルマガ登録すると、確定申告の依頼を受けて利益になるのは、2009年3月です。

リストは利益の源泉ですが、リスト化の段階で利益が発生することはありません。**「好きな時に声をかけられるようにしておく」**ことがリスト化の意味です。

■ホームページ上だけで訪問者の満足度を高める方法とは？

訪問者を見込み客に変えるには、サービス内容が期待値を超える必要があるとおわかり頂けたと思います。ホームページの場合、期待値は「こんな情報が欲しい」、サービスは「欲しい情報」ですから、訪問者が求める以上の情報を積極的に公開します。こちらから意識的に情報提供して、訪問者に「こんな情報も載っている、凄い」と感じてもらうように仕向けるのです。

ホームページ上では、検索したキーワードに関連する情報はもちろん、「これでもか」と充実した情報を提供する必要があります。**こちらのサービスが訪問者の想像を超えることで、訪問者は満足して見込み客になる**という流れです。私の例を見ていきましょう。

私は「離婚サポートnet」というサイトを管理運営しています。このサイトには離婚に関する情報、例えば子供の養育費・親権・慰謝料・財産分与などの予備知識を公開していて、ページ数はおおよそ９００、２年かけて作成したものです。反響率（訪問者のうち、見込み客になった人の確率）は、２００５年６月が2.4％、２００６年６月が0.8％、２００７年６月が0.5％です。つまり、訪問者１０００人に対し５人から24人が見込み客になる計算です。なお、年々反響率が落ちている理由は、アクセスが増えるほど想定外のキーワードで検索して辿り着く人が増えるからですが、アクセスの純度が悪くなることを意味します。例えば、２００８年２月11日（建国記念日）の訪問者数は２２１５人でしたが、うち９人は「氏名変更」「姓　変更」というキーワードで検索しています。専門的な話ですが、自分の姓や名前を変更するには役所への届出だけでなく、家庭裁判所の許可が必要になります。過去の事例では、許可される確率はほぼゼロです。このキーワードで検索して来た人の相談を受けても、私は「難しいです」というアドバイスしかできません。つまり、「氏名変更」「姓　変更」で検索した人は、見込み客になり得ません。求めているのは「**これから離婚する人、または離婚した人**」です。

ところで、ホームページのコンテンツを増やすほど、ＳＥＯ対策していないのに上位表示されるキーワードが増えていきます。アクセスが増えることは悪くありませんが、２１４ページでお話ししたように主眼をアクセス数ではなく反響率に置かないと、ぬか喜びになります。したがって、**ホームページは日々、検証と実証を繰り返す必要があります**。具体的には、最低でも「アクセス数」と「反響率」は毎日目を通さなければなりません。私は、反響率が１％以上または0.1％以下になった場合、その理由を突き止めるように努力します。それによって例えば「ＳＥＯ対策して上位表示していたキーワードの順位が下がった」「強力な同業他社が参戦してきた」などの要因を探すことができます。また、データ検証することで他にもわかることがあります。例えば、一般的に「土曜祝日は平日に比べ反響が悪い」と言われますが、そんなことはありません。２００８年2月11日（建国記念日）の訪問者は２２１５人ですが、リスト増加分は16人で反響率は0.7％とまずまずでした。この結果、離婚問題の場合は平日ではなく時間がとれる祝日にアクセスが集中し、リスト化が進むことがわかりました。

このように、ホームページ上だけで訪問者の満足度を高めるには、**地道なメンテナンスと調査が欠かせない**のです。

■99％のホームページと差別化する方法とは？

さきほど紹介した「離婚サポートnet」は、将来の離婚を考えて予備知識を得たい人には、十分な内容に仕上げています。私は900ページを超える離婚サイトを他に知りません。

一方、世に溢れているホームページはどうでしょうか？　大半は「会社概要」「サービス内容と料金」「個人情報の取り扱い・守秘義務」程度です。それでは「リスト化する仕組み」ができていないため、見込み客が増えることはありません。このホームページのターゲットは**「突然の依頼」**だけで、偶然の依頼を、首を長くして待つことになりますが、**これは本章の戦略ではありません。**

あなたのホームページをその他大勢と差別化するのは難しくなく、ホームページの**コンテンツを充実させること**です。多ければ多いほど良いでしょう。コンテンツ量は、訪問者がサイト作成者に満足や感謝する率に連動します。なぜなら、訪問者によって欲しい情報が様々だからです。訪問者が望む情報を与えることで、満足度は高まります。

しかし、求めている情報を完全には把握できませんので、できる限り大きな網を張っておく必要があるのです。「網」とはホームページのコンテンツです。**網が大きければ大きいほど、訪問者の求めている情報にマッチする可能性が高まります。**仮に、あなたがコンテンツを30作ったとして、「子供の養育費」が10ページ、「親権」が10ページ、「慰謝料」が10ページに配分したとします。一方、私のサイトの場合、「養育費」は118ページ、「親権」は100ページ、「慰謝料」は86ページです（2008年2月24日現在）。どちらが訪問者の求める情報を提供できるかは、お話しするまでもありません。

ところで、もしホームページに最初の「さわり」だけ書いておいて、「これ以外の情報は有料サービスですよ」と言われたら訪問者はどう思うでしょうか？

ホームページの目的が「お客様を増やすこと、売上をあげること」でしたら、このスタイルでも構いませんが、本章の目的は「リスト化」です。**コンテンツが貧弱だったり中途半端で満足度が向上しないホームページでは、見込み客が増えることはありません。**

満足度は、提供されたコンテンツが「自分の期待以上だった場合」に高まりますが、そのようなホームページでは、訪問者はあなたに何ら感謝しません。すると、訪問者は欲求が満たされずに、検索エンジンをGoogleからYahoo!に変えたり、検索下位のページをクリックしたりして、求める情報が他にないか調べる行動に移ります。他のページに流れた時点で、訪問者はあなたを見限り二度と戻ってくることはなく、したがって訪問者がメルマガに登録することも、資料請求を申し込むこともありません。**訪問者との「ご縁」は、その場限りになります。**

少しきついことをお話ししましたが、これは失敗例ですから踏襲しないことです。他のページに書かれていない有益な情報や希少なデータも掲載することで、競合他社と差別化を図ることができます。もし、検索上位のホームページに「貧弱なコンテンツ」しかなければ、チャンスです。訪問者は貧弱なコンテンツでは満足せず、他のページをくるくる回ります。あなたが**コンテンツの充実したホームページを作成しておけば、仮に検索上位でなくても あなたのページに訪問者が流れてきます。**そこで、見込み客として捕まえておくのです。

■本当にサービスを提供しなければならない相手を見極める

「充実した情報提供により、訪問者は満足度を高め、見込み客になってくれる」

この話をすると、必ず心配される方がいます。

「情報を無料で提供して、本当に大丈夫なのか？」

「ホームページを見て問題が解決するようなら、売上はどこで発生するのか？」

本章の戦略を**短期的**にみれば、そのような不安も無理はありません。クロスメディア戦略の目的は利益の最大化であるにもかかわらず、その逆を言っている印象を与えるからです。

「**本来もらえるお金を、無償でばら撒いている**」と思われるかもしれません。

しかし、これは「情報の価値」についてきちんと考えると、解決する問題です。

ひとつあなたに質問があります。あなたの元に、次のようなメールが届いたとします。

「ホームページに書かれていた自宅の処分方法は、大変参考になりました。お陰様で、自分たちで公正証書を作り、無事手続を済ませてきました。本当にありがとうございました」

あなたは、どちらの感情を持たれるでしょうか？

A　「無事、手続が完了して良かったな」

B　「依頼もせずにこんなメールを送ってくるなんて、とんでもない」

特に罰ゲームはないので、正直に選んでみてください。私は正直なところ、Bの感情を持ったこともありましたが今は完全にAです。訪問者自身が、ホームページの情報でうまく実践できるのでしたら、それで構わないと思っています。なぜなら、訪問者がホームページの情報を読むことで実践してうまくいく場合、その情報は**「素人が自分でやってもうまくいく価値」しかない**からです。その程度でお金を頂いて相談にのったり、サービスを代行したりしてお金をむしり取ろうとするのは、おこがましいことです。あなたが持っている専門知識や情報は、そのような簡単な案件ではなく、直接指導しないと解決しない「複雑怪奇な案件」で使えば良いのです。実際、問題を抱えている人は自分で解決できないことを承知していますから、スムーズに成約することができます。それが、**見込み客からお客様に変わる瞬間**です。

ホームページには、基本的に万人向けの情報しか掲載できません。ありきたりですが、100人100通りの悩みや問題に対し、1件1件オリジナルの内容を掲載することは、現実的に難しいからです。また、ホームページを見て自分で解決する人は、そもそも情報処理能力が高く、他人の世話にならなくてよい人です。そのような人から依頼を受ける理由はありません。

右から左に流せる簡単な案件は、依頼を受けなくて構いません。仮に誰でも解決できる案件ばかり引き受けていると、いざプレスリリースを書いたり出版企画書を作ったり、セミナーの企画立案をする時に、困ったことになります。ありきたりの情報や知識しか持ち合わせていないと、**プレスリリースの場合、メディア担当者が気づかない視点でコメントすることはできません。**また**出版でしたら、類書との違いを企画書に盛り込むことができません。**さらに**セミナーは、参加者が満足する講演内容を作ることができません。**

クロスメディア戦略は4つのツールのうち、どれが欠けても相乗効果を発揮することができません。もし、ホームページで楽な案件ばかり引き受けて利益を伸ばそうものなら、他の3つのツールで相乗効果を発揮することは難しいです。ホームページへ積極的に情報公開した結果、お客様が自分で問題を解決してしまってもあまり気にする必要はありません。そのような方は短期的には別として、**クロスメディア戦略全体でみれば、「お呼びではない」**からです。

■コンテンツを自動的に増殖する方法とは？

さて、ここまでで「訪問者の満足度を高めるために、充実したコンテンツが必要」だとおわかり頂けたと思います。ただ、いくら「コンテンツを増やすことが大事」といっても、訪問者にとって価値のないものや読むに耐えないものを掲載しても、訪問者を満足させることはできません。かえって不信感を持たれます。そのため、訪問者にとって**「価値があってなおかつ一読でわかるもの」**に仕立てる必要があります。しかし、頭で理解できてもコンテンツ作成に非常に面倒で神経を使い、時間がかかる作業です。億劫になり、なかなか実行できないことがあります。私も「出版」の章でお話ししたように、文章を書くのが得意でも好きでもないので、いくら「見込み客を集めるから」という理由でも、作業を進んでやる気になれません。

では、どうすれば良いのでしょうか？

コンテンツ作成に限らず、苦手なことをやらなければならない場合、**暗示をかける**のが良いでしょう。暗示とは特に怪しいことではなく、**自分に都合の良い解釈をすること**です。例えば、今回の場合「コンテンツを作るのは簡単で、すぐでき上がる」と暗示をかけるのです。すると、そうなるように自然と手足が動き、頭がフル回転します。そして、怠け者でも簡単で自動的にコンテンツを増殖する方法を見つけられるのです。具体的には、**作成したひとつ**

のコンテンツを使い回すことです。１回作成したコンテンツを複数の場所で公開します。

例えば今回、メルマガの文章をホームページとブログ（ホームページ上の日記）に転記するとします。するとメルマガの配信回数が1回、ホームページが１ページ、ブログが１回更新され、ひとつのコンテンツでメルマガ・ホームページ・ブログと3回使い回せます。通常「文章を作るのは面倒だ」という心理が働きますが、使い回しができるとわかると「１回書けば済む」と心境が変化します。さらに「メルマガを書けば、ホームページのコンテンツも増えてブログは更新され、アクセスが上がって見込み客が増え、売上が上がる」と連想していけば、いくら怠け者でも重い腰をあげるはずです。この公開順はあくまで私のやり方ですが、順番は重要ではありません。一番始めにホームページで公開しても、ブログで更新しても構いません。

例えばメルマガの場合、私は毎週水曜と日曜に１回ずつ発行していますが、分量は１回に２０００～３０００字。文章の質は「購読者に価値があり、かつ一読でわかる内容」です。これを1年間に約80回送信すると（１割程度はサボりますので……）、合計で16万～24万字です。この文字数は４００字詰め原稿用紙で４００～６００ページ分ですから、１冊を２００ページとすると（出版できるレベルかは別）、年間に3冊分を作り上げた計算になります。「本３冊分」というと目まいを起こしそうですが、作る側はそれほど苦労して書き上げたと思いません。なぜなら「１回書けば済む」気持ちでコンスタントに書き、結果、何十万字になったからです。

ここでお話ししたいのは、「コンテンツを使い回すテクニック」ではなく、**なぜひとつのコンテンツを1回限りにする必要があるか**です。コンテンツは言い換えれば「知的財産」や「著作物」で、作るにはお金も時間も人手もかかります。したがって、無駄にしないため、雑巾ではありませんがコンテンツも水が出てこないほどギリギリまで絞る必要があります。

ところで、経営資源は「カネ」「モノ」「ヒト」が一般的ですが、**コンテンツも経営資源**といえます。なぜなら、コンテンツ作成には「ヒト」が、これを社員に代わりにやってもらうと「カネ」が、「脳みそを使って」という意味で「モノ」がそれぞれ必要だからです。仮に時間が無限大で社員が無数にいて、お金があり余っていれば楽にできますが、現実には限られた時間で少ない社員を雇い、最小限のお金で事業を切り盛りしています。したがって、コンテンツ作成に費やしたカネ・モノ・ヒトを使って、できる限り成果をあげなければなりません。そういった**「できる限り」をどうやって具現化するか**という視点を持つことが大事です。

今回の例は、ホームページというひとつのツールの話ですが、どの経営資源も考え方は同じです。ひとつの経営資源を使い回して利益を最大化する方法は、『月100万円のキャッシュが残る「10の利益モデル」』（丸山学著　同文舘出版）に詳しく書かれています。利益の最大化はクロスメディア戦略の最終目標ですから、本書と通じるところがあります。

大雑把にいえば、経営資源は「**もったいない**」精神で使う必要があります。

専門家インタビュー

会社設立の専門家でカリスマ行政書士として、中小企業のビジネスモデルに詳しい丸山学さんにお話をお伺いすることができました。

露木　私は、丸山さんの著書『月100万円のキャッシュが残る「10の利益モデル」』の中に書かれている『コピー型利益モデル』に大変共感しまして、本書の中でも口酸っぱく、限られた経営資源を使いまわすことを書かせて頂いています。

丸山　中小企業はどうしても、規模の面では大企業の相手にはなりません。会社を経営する上で、毎月固定費がかかってきますが、経営資源を有効活用することが大事になってきます。例えばネット上のことでいえば、同じコンテンツを複数の場所で使うことで、資源を複製、コピーできるように工夫する必要があります。

露木　著書の中に『売り上げが倍になっても、固定費が倍にならないからです』とありますが、まさにその通りだと思います。でも、がむしゃらに集客している人にはなかなか分からないですよね？

丸山　経営資源に限界があることは、痛い目に遭って初めて気がつきますね。特にひとりで商売を始めた人は、大量に集客して夜中まで仕事して……そこで自分ひとりでは限界があること感じます。本当に死にますからね。

露木　そうですね。

丸山　経営資源を有効活用し、それをひとつの分野に集中するという発想は、本当なら起業時にあらかじめ知っておいて、その上でスキームを作っておくのが良いでしょうね。

露木　なかなか難しいことかもしれませんが、そのあたりの事前理解を、本書を通じて周知できれば良いと考えています。いろいろ参考になりました。ありがとうございます。

◎**丸山学**（まるやま まなぶ）

丸山行政書士事務所、株式会社丸山事務所代表。1967年、埼玉県生まれ。民間企業の経理・総務課長職を経て2001年8月、行政書士事務所を開業。会社設立手続き、許認可取得、資金調達支援などの法務面だけでなく、マーケティングやビジネスモデルの構築など、経営全般において起業家を徹底的にサポート。商工会議所等での講演、雑誌等のマスコミ出演も多数。

著書に『月100万円のキャッシュが残る「10の利益モデル」』（同文舘出版）、『社長になっていい人、ダメな人』（PHP研究所）などがある。

国民生活金融公庫（国金）活用術～公的融資～　http://www.marujimu.jp/

■利益を最大化するアプローチ手法

さて、ここまでの内容をあなたが実践して頂けましたら、ホームページにアクセスが集まり、一定数の「見込み客」がリスト化されているはずです。最後に、「見込み客に商品やサービスを購入してもらう」ことで利益が発生します。利益は「見込み客がどのくらいの確率で成約するか」で決まりますが、ここに書かれたことを実践するかどうかで、利益の金額が変わります。

では、どうやって促すのでしょうか？

「見込み客に対するアプローチ」とは、次のようなものを言います。

・住宅ローンの借換えをすれば何百万円も差額益が出る人に対して「**借換えをしませんか？**」と提案すること

・オカピを見たいと思った人に対し「**ズーラシアに遊びにきませんか？**」と誘うこと
・確定申告のやり方がわからない人に対して「**10万円で確定申告の代行をしますが、いかがですか**」と申し出てみること

こうした「**提案・お誘い・申し出**」といった、マーケティング用語で「**セールスレター**」の分野についてお話しします。

まず、セールスレターの「書き方・内容」について良書が多数ありますが、それだけでなく「題材の見つけ方」を含め、トータルで戦略を立てるのでしたら『究極のセールスレター シンプルだけど、一生役に立つ！ お客様の心をわしづかみにするためのバイブル』（ダン・ケネディ著 東洋経済新報社）を参考にするのが良いでしょう。次に、現時点で一番お金がかからず、簡単に見込み客にアプローチできる「**ツール**」は「**メルマガ**」ですので例に挙げますが、ツールは流行り廃りがあるので決めつけずに、その都度最適なツールを当てはめてください。

大前提として、メルマガをひとつの**広報ツール**と捉え「**自分の存在を多くの人に知ってもらう手段**」と定義すると、使い方を間違えることはありません。見込み客にアプローチする際、この姿勢で行動を起こすことが非常に大事です。

一方、広報ツールと対比して「**宣伝ツール**」があります。宣伝ツールとは「新型商品Aを買ってください」「サービスBを始めましたので使ってください」という「**売り込みの手段**」

です。この2つの対比から話を始めると、わかりやすいと思います。

果してそれは、どういうことでしょうか？

大半の人は、メルマガを「宣伝ツール」だと思っています。例えば、新商品やサービスを勧めることが主目的で、メルマガを商品紹介や割引セールの内容で埋め尽くすことです。

あなたが「宣伝」のメルマガを「受け取る側」でしたら、どのように感じるでしょうか？

「うざったいし、もう読まない」気持ちになりませんか？

そのように感じると、購読者はメルマガの登録解除か送信禁止リストに登録し、せっかく集めた見込み客に嫌われ、**あなたと「縁を切る」結果**になります。あくまで、お客様が商品やサービスを購入するのは満足度が高まった時です。宣伝100％のメールを見て満足する人はいません。結果、利益が発生することなく、宣伝のために送る目的を果たせません。このように、**メルマガを「100％宣伝ツール」として使うのは、間違い**です。

一方、メルマガを「広報ツール」として使う場合、考え方が変わります。「自分を知ってもらう」ことが目的ですから、文章は商品紹介や割引セールにはなりません。自分のことを「良く思ってもらおう」という姿勢になります。私がメルマガで目指すのは「**感想をもらうこと**」、つまり購読者がメルマガの内容を読んで私宛に感想を書きたいと思い、実際にメールを送る気持ちにさせることです。「感想をもらうこと」が究極目標なのは、**メルマガで私が求**

めているものすべてが測定できるからです。次に挙げるのは、私が求めている点です。

・きちんと最後まで読んでいるのか

260ページの例文をご覧頂くとわかりますが、私の場合は文章を最後まで読まないと、解決法がわからない仕組みです。また、感想も文章を読まなければ書くことができません。

・内容に満足しているのか

メルマガを読み、悩みや問題を解決する糸口が見つかった時、購読者は私に対して感謝の意を示すために連絡をくれます。私が書いたメルマガが購読者にきちんと理解され、役立っているのかどうか、自分の文章能力の再点検になります。

・私に対して好感を持っているのか

いくらメルマガを読んで満足しても、私のことが嫌いであればわざわざ感想を書こうという気にはなりません。感想が届くということは、私に対して好感を持っている証明になります。

・モチベーション維持

これは、私自身のことです。メルマガを書くには時間がかかり、集中力が必要です。また、書くほどに神経をすり減らし、面倒になります。もちろん、商売と割り切っても良いのですが、すると中身が宣伝臭くなりそうで私はその考え方を持っていません。メルマガを長期継続する栄養は、購読者からの感想です。「先週のメルマガは感動しました！　本当にお世話になりっぱなしです!!」このような前向きな感想を頂くことで、執筆するモチベーションを維持できます。

■利益を最大化する具体例

ここからは、実際私が作成したメルマガを見ながらお話しましょう（260ページ参照）。「広報ツール」としてメルマガを使う場合、その文章構造と分量は次のようになります。

1. 時候の挨拶　1割
2. 目次・有益な情報提供　7割
3. 追伸　1割
4. 商品の紹介　1割

それぞれ、順番に見ていきましょう。

1. 時候の挨拶

メルマガだと思わず、**相手と顔を合わせて話す感覚**が大事です。その視点で文章を組み立てていくと、使い方を間違えることはありません。例えば相手と話す場合、いきなり商品を紹介しません（商品の紹介）。また、冒頭から「昨日仕入れた良い話があります」と切り出すこともありません（有益な情報提供）。まず自然な会話の流れで「今日はお日柄も良く」と挨拶から入りますが、日常会話を思い浮かべるとスムーズに理解できます。例文はかなり砕けた感じですが、私の場合「若輩者でお調子者」のキャラクター設定のため、問題ありません。

2. 目次

有益な情報提供の前に、購読者へ気を配り工夫を施します。それは**「このメールに何が書かれているか」を冒頭に列挙してしまうこと**です。これはプレスリリース（第1章）でお話しした「表紙に何のリリースか書くこと」（57ページ参照）と同じです。**お客様に「貴重な時間を使ってメルマガで読んでもらっている」という意識を持つ**ことです。メルマガは、分量的にひとつのテーマしかできませんので、中にはそのテーマに興味のない人も含まれます。例えば私のメルマガは「離婚」という大枠がありますが、配信内容は「子供のこと」「浮気のこと」「戸籍のこと」などその都度異なりますので、購読者が「子供」の情報を求めているのに「浮気」の情報を送ってしまう可能性もあります。さすがに1人ひとりオリジナルの内容を作成できませんので、購読者によってはピントの外れた内容になるのは仕方がありません。そのため、メルマガの中身が購読者の求めている情報か、冒頭を読むだけでわかるようにしておき、**興味のない内容は、削除や未開封にしてくださいと促します**。

全員にマッチした内容を作成できない以上、削除や未開封を促すのは購読者に対する**「優**

しさ」です。中身は、本当の読みたいと思っている人に届けば十分です。メールのタイトルも同様に「ここに何が書かれているか」わかるようにします。

3．有益な情報提供

ここが、「お客様に期待以上の情報を提供できるかどうか」**一番のポイント**になります。

お客様は、メール開封の際「このくらいの情報を得られるだろう」と想像しますので、「このくらい」を上回る内容を詰め込みます。私がメルマガ原稿を作る際に心がけているのは、**文章の質**です。「誰が読むかわからない」「開封されるかわからない」メルマガでも手は抜きません。**出版原稿を書く時と同じ力の入れよう**です。具体的には、出版のニーズと別に「メルマガを本にして書店に置いても恥ずかしくない」文章を書くため、次に挙げる目標を設定しています。すると、96ページでお話しした出版原稿のポイントは、すべてメルマガにも該当します（なお、カッコ内はメルマガ特有の事情です。その点を加味して下さい）。

・本の中で話を完結させる（問題提起だけでなく、解決方法も書きます）
・丁寧の上に丁寧を重ねる（本と違ってメールは何度も読み返しませんから、一読で内容を理解できるよう特に丁寧に書きます）
・実例、数字を入れる（メルマガの場合、細心の配慮が必要です。実例や数字を入れることでこちらに悪意がなくても、個人が特定できてしまう可能性があるからです）

・きちんと校正をかける（誤字脱字や変換ミスは、メルマガでも購読者は不快に感じます）

有益な情報提供については、次のメルマガが大変勉強になります。

①毎日3分読書革命！　土井英司のビジネスブックマラソン（ID 0000135008）

http://www.mag2.com/m/0000135008.html

②〝売り上げが上がる文章〟の書き方・使い方（ID 0000118176）

http://www.mag2.com/m/0000118176.html

①はビジネス書の書評、②はセールスレターの書き方が購読者にとって有益な情報になっており、情報提供をした後に、セミナーや商材の告知が掲載されています。

4. 追伸

メルマガを日常会話に置き返ると「有益な情報提供」からすぐ商品紹介に移る流れは、堅苦しくて仕方ありません。また、メルマガは「**継続的に信頼関係を構築するツール**」ですから、有益な情報提供ばかりだと購読者は疲れてしまいます。なぜなら、あなたは専門分野のプロでも、購読者は素人だからです。私の例ですが、メルマガの文章すべてが「離婚問題の解決法」で埋め尽くされると、購読者は読むのが億劫になります。そこで「有益な情報提供」の後には、「追伸」という形で「**自己紹介**」を入れておきます。これは、購読者に最後までスムーズに読んでもらうテクニックです。「自己紹介」は、あなたのプライベートなことや、専門分野以外でどんなことに興味があるかを書くことです。購読者にとっては、例えばあなたと趣味が同じとか、昨日の夕食メニューが同じといった共通点があると、親近感を持ちます。

このように「追伸」の効果は、**あなたと購読者の距離を縮めること**です。

ところで、246ページで私は「広報ツール」としてのメルマガの定義は「自分の存在を多くの人に知ってもらうための手段」と申し上げましたが、メルマガで自分を相手に知ってもらうには、必ず「**差別化**」が必要です。差別化とは「**あなたであるとわかること**」です。

その際、自分の存在を心に留めてもらうには、「有益な情報提供」だけでは少し弱いのです。それではあなたと購読者の距離が遠すぎて「感想を書きたい」と思えません。また「有益な情報」は、あなたが唯一持っているものでなければ差別化できませんが、実際「唯一の情報」はそれほど持ち合わせていません。メルマガを始めるのは良いですが、すぐ「ネタ切れ」です。

一方「自己紹介」は、あなたと出身・経歴・職歴・趣味がすべて一致する人はいませんので、それ自体がすべて差別化です。このように考えますと、難しい専門用語をひけらかすより「自己紹介」の方がずっと簡単に差別化できます。具体的には、どんな方でも「朝食は納豆と卵を食べた」「電車で居眠りをした」など何かしら出来事があるはずです。「追伸」では、このように**自分の周りで起こっていることを書くだけで十分**ですので、全く難しくありません。

5. 商品の紹介

商品の紹介は、お勧め商品を書いて頂ければ問題ありません。私の場合、メルマガで「コンサルティング」「法文書作成」という2つのサービスを紹介しています。成約率はコンサルティングが0.05%、法文書作成が0.01%という数字です。

■ホームページ戦略「最大のリスク」とは?

ここまで、本章のホームページを使った戦略「インターネットマーケティング」についてお話ししてきました。その原理原則は、改めて見ますと次の通りです。

1. ホームページにアクセスを集める
2. 訪問者に見込み客になってもらう
3. 見込み客に商品やサービスを購入してもらう

1から3は、作業がひとつの流れになっていますので、実践することで売上が安定します。ホームページにアクセスが集まっていればすでに一定数の見込み客が揃っていますから、見込み客にアプローチをすれば一定確率で商品やサービスを購入してもらえます。つまり売上は、「**見込み客がどのくらいの確率で成約したのか**」で決まるのです。ということは、「**見込み客の数**」と「**成約率のパーセント**」だけ押さえておけば、来月、再来月の売上もある程度予測できます。

一方、売上が安定しているからといって安心できない一面もあります。それは、1から3の流れには**一定期間がかかる**ことです。なぜなら、見込み客になった時点でいきなり宣伝のメルマガを流したり、DMを郵送したりすることはないからです。そのため、自社の売上だけをチェックしていると、仮にアクセスが減っていても、それに気づかず危険な状態になります。

例えば1が2割減となっても、2も3も2割減にはなりません。

しかし、ほとんどの人はゲンキンなもので、アクセスや見込み客より売上に関心があり、「売上が安定しているから、それでOK」という頭しかありません。確かにその場その場で、売上が減っていないので良いかもしれませんが、アクセス減と売上減の間にタイムラグが発生するため、気がついた時には1から2、2から3の流れは確実に先細りし、アクセス減↓見込み客減↓売上減という**マイナス連鎖**が起こります。そして、アクセスが下がった数ヶ月後に売上が下がり、すでに手遅れ状態になります。なぜ、こんなことを書くかといいますと、私自身が目に見えない不安と戦っているからです。221ページの図1をご覧頂くと、1年単位ではアクセス数は順調に推移していますが、単月ベースでみると「上がったり下がったり」を繰り返しています。幸運にも、アクセスに連動して売上が下がったことは「**今のところ**」なく、最悪の事態には至っていませんが、私はアクセス低下のデータを見るたびに恐怖に怯え、いつか売上が急激に落ちる日が来るのではと危機感を覚えながら、その都度対策を講じています。

このように、**ホームページを使った戦略にはリスクがあります**。自社サイトを日々検証することで、きちんとリスク回避して頂きたいと思います。ホームページの「コンテンツ作成」や「ＳＥＯ対策」に注力するあまり、検証作業を怠ると本章の戦略は失敗に終わります。

■出版実績がもたらすメルマガの効果とは？

最後に、他ツールとの関連性と相乗効果について少し触れさせて頂きます。ここでは出版とホームページ（ここではメルマガ）との話です。**出版実績は、メルマガにプラス効果を及ぼします**。なぜなら本の著者で「ある」と「ない」では、購読者の見方に大きな違いが出るからです。大半の人は出版実績がありませんから、「本を出版した人」は「お金をもらって文章を書いている人」となり、本を出しただけで「**特別な人**」扱いです。すると、メルマガは購読者にとって「お金をもらって文章を書く人が無償で情報提供している」位置づけになります。仮に出版前からメルマガを発行している場合、出版することでメルマガに箔がつきます。

一方、出版実績がなければ「どこにでもいる人が時間潰しに書いている」と見られ、文章に何ら「有り難味」はありません。例えば私の場合、メルマガ開始が２００５年11月で、正確な統計をつけていませんが、記憶をたどると２００６年３月以前は、メルマガ１回に頂く感想は１件あるかないかでした。しかし、２００７年３月に初めて出版することで、以降はコンスタントに３件の感想が届きます。このように、**言葉は発する人間の立場によって影響力や価値が変わってきます。**同じメルマガでも、出版実績がある人の書いたメルマガは購読者に影響を及ぼすため、**感想を書くまでに購読者の感情を高ぶらせる**のです。

専門家インタビュー

メールマガジンの専門家で、インターネットビジネスに詳しい平野友朗さんにお話をお伺いすることができました。

露木　まずは、平野さんがどのようなスタンスと心構えでメルマガを書いているのか、お教え頂けますでしょうか？

平野　これから起業し成功するには、情報発信がきちんとできることが必須です。情報発信ツールのひとつとしてメルマガがありますが、なぜメルマガを書くのかといえば、購読者との信頼を作るためです。信頼関係を作るためには、定期的な配信が大事になってきます。いつも同じ曜日、時間に送られてくると、受け手としても安心しますからね。一方、何か売りたい商品があって、そのキャンペーン時期だけに配信するのは困ったものです。

露木　受け手に配慮した情報発信が、必要になりますね。

平野　例えば、購読者の住所地が特定できるメルマガと、特定できないメルマガがあったとします。東京でセミナーを開催するとして、セミナーの告知を北海道在住の人に発信して良いのかどうか？私は、それは相手にとって失礼なことだと思います。

露木　北海道の人には関係のない情報ですからね。

平野「セミナーのために飛行機に乗って来なさい」と言っているようなものです。情報発信は相手の都合に配慮することが大事です。

露木　全く、その通りです。

平野　これからは、今まで以上にメルマガの数より質が大事になってきます。数とはメルマガの購読者のことで、質とは『情報を求めている人に適切な情報を与えること』です。

露木　なるほど。参考になりました。ありがとうございます。

◎平野友朗（ひらの・ともあき）

㈲アイ・コミュニケーション代表取締役。日本で唯一のメルマガコンサルタントとして知られる。自身が発行するメールマガジン「メルマガ成功法　メルマガコンサルタントの稼ぐ思考」の読者は12万人を超える。4年間のコンサルティング活動や講演を通じて、3000誌以上のメルマガに関わり、起業家や中小企業・上場企業まで、幅広い顧客からインターネットマーケティングに関する相談が殺到している。

平野友朗のビジネス実践塾　http://www.jissenjyuku.jp

【参考】 メルマガの文面

2008年02月10日配信のメルマガの文面

件名　綺麗に浮気の慰謝料をもらう方法とは？

温暖化、エルニーニョと言われたのは昔の話。
2月に入ってからの陽気をみると、日本は雪国になってしまったようですね。
そんなこんなの建国記念日です。
露木行政書士事務所・露木と申します。

このメールには、こんな内容が書かれています。
1．綺麗に浮気の慰謝料をもらう方法とは？
2．露木幸彦の著書のご案内
3．浮気相手はお金に汚い？証拠がなく離婚原因は分からないと・・・
4．品質保証のための受注制限のお知らせ
5．「ここは読む必要のない」のコーナー

離婚後、浮気相手に慰謝料を請求する場面があります。

「離婚に至った原因はあなたにあるのだから、責任をとりなさい」
ということです。
責任の取り方は2つあります。

1．謝罪
2．お金

離婚をせずに、浮気相手をとっちめる場合、1と2の両方を実行させます。
謝罪をしてもらい、さらにお金（慰謝料）を払ってもらいます。

一方、離婚後、浮気相手をとっちめる場合、1の選択肢はありません。
もう離婚してしまったのに「私のせいで別れることになってゴメンナサイ」と
反省の弁をもらっても仕方がないからです。

離婚した後に浮気相手に求めるのは、その行為をしたことに対する社会的責任
つまり慰謝料ということになります。

離婚してしまえば、慰謝料を請求する以外に、
相手を「ギャフンを言わせる」方法はありません。

だからこそ、請求するのであれば、きちんと成功したいものです。
お金がもらえず、謝罪だけ受けても仕方がありません。

もちろん、お金をもらって気が済む問題ではありませんが
他に求める手段がないのも事実です。

◆　慰謝料請求には1つコツがあります。◆

あまり他のところでは公開されていませんが
3連休の合間にわざわざメールをご覧いただいたあなたにだけ
こっそりお教えします。

露木幸彦の著書ラインナップはこちら
↓　↓　↓　↓　↓　↓
http://tinyurl.com/29qlor

（以下に続く）
-------*-------*-------*-------*-------*-------*-------*-------*-----*----
1．離婚協議書の作成→受注制限　1ヶ月10件
2月は残り4件。ご希望の方はお早めに。

お申込はこちら
↓　↓　↓　↓　↓　↓

http://www.tuyuki-office.jp/rikon24.html

2．メール相談し放題サービス→受注制限　1ヶ月100件（期間に限らず）

お申込はこちら
↓　↓　↓　↓　↓　↓
http://www.tuyuki-office.jp/rikon47.html

-------*-------*-------*-------*-------*-------*-------*-------*-----*----
（ここから続き）

慰謝料請求のコツとは、離婚する前に１つ、工夫を施すことです。

その工夫を施すことで、慰謝料を請求する際、不安材料になる
２つのことを解消することができます。
どういうことかと言うと・・・

離婚後、浮気相手に慰謝料を請求したとします。
示談での解決を目指す場合、内容証明を使うことが多いです。
例えば「10日以内に100万円振り込みなさい」と書きます。

浮気相手が内容証明を受け取って、10日以内に100万円を
振り込んでくれれば問題ありません。

すんなり慰謝料が振り込まれてくるのは、
離婚直後にその相手が再婚してしまうケースや
あなたの配偶者が浮気相手に代わって、
慰謝料を振り込んでくるケースです。

ただ慰謝料に限らず、お金を請求する場合、
相手次第のところがあります。
相手がどのように考えているのかは、
こちらで完全に把握ができません。

慰謝料を請求したとしても、相手が全く反省していなかったり
罪悪感を持っていない場合は、
こんな対応をされることがあります。

◆　あなたたち夫婦の離婚原因は私じゃない。
本当は性格の不一致だったんでは？

◆　証拠もないのにこんな金額を請求して、どういうつもり？

これは冗談で言っているのではなく、
実際にこのような場面に遭遇するのです。

「自分のやったことを棚にあげて」と思われるかもしれませんが
人間はお金が絡むと倫理観や常識を失うことがあります。

お金を払いたくないから、
自分の行為が悪いとわかっていても、ダダをこねるのです。
頭のなかは「お金を払ったら損をする」という考えで一杯になっています。

そもそも浮気相手に慰謝料を請求するには、かなり勇気がいります。
慰謝料、不貞行為という言葉を、私は平気で使います。

この分野の専門家だからで、日常生活ではあまりお見かけしません。
普段から慰謝料、不貞行為という言葉を使っていたら、
ぎょうぎょうしくて仕方がありません。

もし浮気相手に慰謝料を請求するのなら
日常生活から離れて、法律の世界に飛び乗ることになります。
心理的にはドキドキしますし、「うまくいくかな」と不安になります。

いざ請求するとしたらそういった心理状態を
乗り越えていくことになります。

慰謝料を請求することに勇気を出して踏み切ったのに
このような心ない対応をされてしまうと、本当がっかりしてしまいます。

せっかく勇気を振り絞って慰謝料を請求しても、
自分の思い通りいかない場合
どのように対処したら良いのでしょうか？

もっと手短にまとめるつもりが少し長くなりましたので、
対処法については次回詳しくお話しますね。

-------*-------*-------*-------*-------*-------*-------*-------*-----*----

【　ココは読む必要ないな、のコーナー　「前乗りＯＫ」　】

先週の月曜は大雪で、移動が大変でしたね。
その日、ワタクシは静岡（静岡放送）でスタジオ収録でした。
しかも時間は朝の６時、まだ雪がばっちり残っています。

「あの大雪の朝は、電車も動かないし、間に合わないじゃない」
そう思われたかもしれません。

しかし雪が降る、降らないに関係なく
前の日にスタジオ隣のホテルに泊まっていたのです。
徒歩なら雪とは関係ありませんからね（転ぶかもしれませが･･･）

そんなこんなで「交通機関の乱れ」とは無縁でした。

2008年02月13日配信のメルマガの文面

件名　綺麗に浮気の慰謝料をもらう方法とは？（続編）

13日の金曜日、いや水曜でしたね。
露木行政書士事務所・露木と申します。

今日は事務所の車が車検なので、営業車がありません。
代車が来る予定でしたが手配ができないということで、
今日は原チャリで移動しています。

まだまだ2月の日本は寒いことを心から実感しました（泣）

このメールには、こんな内容が書かれています。
1．綺麗に浮気の慰謝料をもらう方法とは？続編
2．露木幸彦の著書のご案内
3．浮気相手に文句を言わせない、究極の対処法とは？
4．品質保証のための受注制限のお知らせ
5．「ここは読む必要のない」のコーナー

さて前回は離婚後に浮気相手に対し、慰謝料を請求して
浮気相手が難癖をつけ、支払いを拒否してきた、というお話でした。
今回はその続きになります。

浮気相手の言い分はこんなところです。

◆「性格の不一致だったんでは？」
◆「証拠もないのに」

離婚に限らず、そんな交渉事でも、パターンは同じです。
相手が『理由』を挙げてきたら、その理由を追求していきます。

今回の場合、慰謝料を払わない、払えない理由を挙げてきていますから
それが通用しないことを主張します。

この2つの理由が通用しないことを主張するには
離婚前の段階で、ひと工夫する必要があります。
この工夫があれば、この問題は一気に解決します。

『ひと工夫』とは難しいことではありません。
「＊＊さんとの浮気が離婚の原因でした」と
配偶者に紙に書いてもらうことです。

これを離婚前に実践することです。

順番に見ていきますと･･･

～（以下略）～

※話の題材は、2月13日配信で完結しています

第6章

社長ひとりでデキル！
クロスメディア戦略

さて、ここまではクロスメディア戦略で使う**4つのツール**についてお話してきました。本章まで読み進めることで、**プレスリリース・出版・セミナー・ホームページ**について、土台となる知識、情報は得られたと思います。今までは、本書の序章です。目次を読まれて、4つのツールについて「すでに知っているよ」という方はこのページからで構いません。**本書の本編はここから**です。4つのツール知識を会得した前提で、「じゃあ、どうやってクロスメディア戦略を実行していくのか」無駄なく効率良く結果を出す方法論を説明していきます。

■クロスメディア戦略、仕掛けの順番

クロスメディア戦略実行にあたり必須なのは、自社で扱っている**商品**や**サービス**です。「クロスメディア戦略」と言っても、根本は「商品やサービスを売ってお金を得ること」ですから、既に商品やサービスが揃っている、もしくは新商品やサービスの発売・発表時期が決まっていることが前提です。例えば新商品が「車」で、A自動車がBという新車種を2009年7月に発売予定とします。現時点は2008年7月です。経営者は「発売日からガンガン売れて」「どんどん注文が入り」「次々増産する」のが理想像です。たくさん売れるためには、多くの人に知ってもらう必要がありますので「この車が世に存在し、Bという車種で、どのような新機能

か」と**情報**を広めていきます。「**情報を知ってもらうこと**」がメディア戦略の目的です。

そこで、ここまで得た知識をもとに闇雲にプレスリリースを送り、関連本を出版してイベントを開催しても「クロスメディア戦略」ではありません。なぜなら、多くの無駄が発生するからです。確かに、これまでの知識を使えば新車種がメディアに取り上げられて関連本は書店に並び、イベントで車の紹介サイトにアクセスが集まるかもしれませんが、ただそれぞれが結果を出しているだけで「**ツール同士が力を出し合って、効果が最大化**」ではありません。

これはクロスメディア戦略ではなく「ひとつ」のメディア戦略です。この例では、2009年3月の新車種発表時に効果が同時多発的に発揮されることはなく、時期はバラバラになります。「多くの人に情報を知ってもらう」活動を**無駄なく効率良くやることを追求するクロスメディア戦略**として、それぞれツール同士の効果を最大化するためには、その特性を理解して実践方法や時期を工夫することです。結果が大きく変わってきます。ここから、各ツールの相性や仕掛け方を少し触れさせて頂きましたが、本章できちんとまとめたいと思います。

■クロスメディア戦略の定義と特徴

まず、クロスメディア戦略が何なのか、**言葉の定義づけ**からお話しさせて頂きます。

私はクライアントから「クロスメディアって、メディアミックスとは違うの？」という質問を受けることがあります。メディアミックスとは文字通り、メディアをミックス（混合）することで、マーケティング業界の用語です。この言葉は70年代、ひとつの物語を小説・映画・ドラマと転用したことで大きな成果を収めた角川書店の営業手法を象徴する言葉です。私は質問を受けて「メディアミックスもクロスメディアも意味は同じですが、私がお話しするクロスメディアは、**世間一般で言われる意味とは違います**」と答えています。私が提唱するクロスメディアは「複数媒体で成果を収める」意味ではメディアミックスと変わりありません。小説・映画・ドラマにインターネットが加わっただけです。大きく異なるのは、「**戦略の仕掛け方**」と「**効果の発生時期**」です。メディアミックスは、小説・映画・ドラマに**時間差**をつけています。例えば小説がベストセラーになって、その物語をテレビドラマにして放映し、視聴率が良ければ映画にするといった具合ですが、クロスメディアに「時間差」はタブーです。

したがってクロスメディアとは、**『複数媒体に同時に取り上げてもらうことで相乗効果を発揮する広報戦略』**と定義します。**キーワードは、『複数媒体に』『同時に取り上げてもらうこと』**です。短い文章ですが、具体像がおわかり頂けるでしょうか？　いざ、これを自ら行うのは容易ではありません。「自社商品をメディアで同時に取り上げてもらい、本を出版してセミナーを開催すればいいんでしょ」と、あなたは反論されるでしょう。しかし、何ら知識や情報がなく経験のない人が実践しても『複数媒体に』『同時に取り上げてもらうこと』はできません。結果が出る時期はバラバラで、クロスメディア戦略は失敗に終わります。

なぜ漠然とツールを使うと、同時期に結果を出すことができないのでしょうか？

結果が出る時期がずれてしまうのでしょうか？

それは、**媒体の特性がそれぞれ異なる**からです。特性を知らずに「とにかくやればいい」と進めては、うまくいきません。きちんと成果をあげるためには、事前に作戦会議を開いて媒体の特徴を理解し、自分の手足を動かす必要があります。例えば、プレスリリース・出版・セミナー・ホームページをすべて同時期に仕掛けた場合、どのようになるでしょうか？

先に結論からお話しますと、このような順で結果が出始めます。

①プレスリリース、②セミナー、③出版、④ホームページ

これを具体的な結果に落とし込むと、次のようになります。

1．プレスリリースが取り上げられ、新聞の記事になる

2．商品の裏話を扱った講演会を開催する

3．商品の関連本が出版される

4．ホームページにアクセスが集まり見込み客になり、商品を購入してくれる

それぞれ異なる時期に成果が出ますが、本当に効率よく無駄がない方法なのか再考してみる必要があります。冒頭にお話した「クロスメディア戦略」の定義に戻ってみましょう。

それは『複数媒体に同時に取り上げてもらうことで相乗効果を発揮する広報戦略』でした。

定義に当てはめると、この仕掛け方では「クロスメディア戦略」とは言えません。なぜなら『複数のメディア媒体に』『同時に取り上げてもらうこと』ができていないからです。媒体の特性上、すべて同時期に仕掛けても結果が同時期に出ることはなく、このことを知らずに仕掛けた場合は単発的に効果が出ても、それぞれのツールが相乗効果を発揮することはありません。

したがって、仕掛ける順番を工夫しなければなりません。

では『複数のメディア媒体に』『同時に取り上げてもらう』には、どのように戦略を練れば良いのでしょうか?

さきほどの例では、すべて同時期に仕掛けた場合、結果が出るのは次の順でした。

①プレスリリース、②セミナー、③出版、④ホームページ

成果の出る時期がわかっていれば、そこから逆算して開始時期を決める必要がありますが、結果を同時期にするには、**仕掛ける順番を逆さまにして、開始時期をずらすこと**です。

すると4つのツールを仕掛ける順は次のようになります。

①ホームページ、②出版、③セミナー、④プレスリリース

これを具体的な行動に落とし込むと、次のような流れになります。

1．自社サイトにアクセス対策を施してアクセスを増やし、見込み客を増やす
2．見込み客が一定数いることなどを盛り込んだ出版企画書を作成し、出版社にアプローチする
3．見込み客に対してセミナー告知をし、参加者を集客してセミナーを開催する
4．メディア宛にプレスリリースを送り、新しい商品を取り上げてもらう

このようにして同時期に結果が出るように働きかけます。ところで、ツールによって結果が出る時期にタイムラグが発生する理由は、**仕掛けてから結果が出るまでに要する時間**が関係します。それぞれ目安として、

1．ホームページ＝自社サイトにアクセス対策を講じ、自分の希望するキーワードで検索されるようになるのに**『3ヶ月〜1年』**
2．出版＝出版企画を立ち上げて出版社にアプローチし書店に並ぶまで**『3ヶ月〜6ヶ月』**
3．セミナー＝講演内容を作りこみ、会場を押さえて参加者を集めるのに**『2〜3ヶ月』**
4．プレスリリース＝新聞社に送り、取材を受けて記事になるのに**『1ヶ月』**

は、それぞれかかります。これは「あなたの努力が足りないから」ではありません。クロスメディア戦略は必ず相手方がいますから、**相手方次第**のところがあります。具体的には媒体別に次のような相手方が存在します。

1. 自社サイトのアクセス対策は、検索エンジンYahoo!やGoogleの検索システム、アルゴリズムに沿って行います。これを無視すると検索上位に自社サイトが表示されません。上位表示のサイトは原則、更新頻度が多く、立ち上げからの歴史が長いものです。したがって、いくらアクセス対策を頑張っても、1週間や10日で上位に表示されることはありません。早くとも3ヶ月はかかります。そういう意味で**ホームページ戦略は検索システム次第**です。

2. 出版企画書を出版社に送る場合、回答の時期は出版社によって異なります。私の場合は、早いところでは翌日、遅いところでは3ヶ月先です。規模が小さいところは回答が早く、大きいところは遅くなります。こちらがいくら出版を急いでも、出版社が企画を吟味する期間を縮めることはできません。また、本を出版する場合、出版社の刊行スケジュールに影響されます。出版社は数ヶ月先まで刊行スケジュールを決めており、横入りはできません。すでに原稿が書き終わり校正作業が完了しても、スケジュールに空きが出なければ、こちらの都合で出版することは原則、不可能です。そういう意味で、**出版時期は出版社次第**のところが大きいです。

3. 第4章でお話ししたように、講演内容の企画立案・会場の手配・スタッフの確保・参加者の集客に2~3ヶ月はかかります。これは、自分の努力で短縮することはできますが、基本的に本業の合間にセミナーを開催する場合、無理やり開催時期を早めるとその分、他の仕事に支障が出ます。**セミナーは自分の抱えている仕事との兼ね合い次第**です。

4．プレスリリースの場合、メディア側の事情に左右されます。こちらが掲載時期を急かしても、紙媒体は掲載する紙面が、映像媒体は出演する時間がなければ取り上げてもらえません。メディアの場合、紙面でも映像でも先々のスケジュールはすでに決まっています。第2章でお話ししたように、メディアのスケジュールは予測できますから、メディアに急ぐようお願いするのではなく、取り上げられる時期に合わせて自分のスケジュールを調整することが大事です。「**後追いの法則**」に従って1ヶ月前に着手するのが賢い方法でしょう。なお、メディア側の事情にこちらが波長を合わせることもあります。例えば新聞媒体では、どうしてもインタビューが必要なのに締切り2日前までインタビュー対象を決めていないケースがあります。この時点で取材を受ければ掲載は取材の約1週間後となりますが、これは担当者に問題がありますので、よほど魅力的な媒体でなければよくよく検討してから受けるのが良いでしょう。

このように、4つのツールにはそれぞれ必ず相手方が存在するため、自分ひとりで実践できません。相手方の事情がこちらの戦略に影響を及ぼしますが、相手方が原因ではなく、それを汲み取らないこちらが悪いのです。それぞれの事情を踏まえて仕掛ける順番を決めましょう。

ところで**成果が出て欲しい時期**とは、さきほどの例でいうと新車種の発売日です。この**エックスデー**に4つのツールが無事に花開くように、種を植える時期を工夫します。結果が出る時期から逆算して仕掛ける時期をずらしますが、具体的な開始時期は次のようになります。

1．ホームページ→新商品が発売する1年前に準備サイトを立ち上げ、アクセス対策を講じます。アクセスが集まり始めたら、見込み客を集める仕組みを作り（メルマガや資料請求など）、1年間で一定数を確保しておきます。新商品の発売時期にこの見込み客にアプローチをすれば、一定確率で購入してもらうことができます。

2．出版→新商品発売6ヶ月前の時点で見込み客を一定数集めることができましたら、次は出版に取り掛かります。本の購入予定者＝自社の見込み客であることをアピールし、出版社に企画書を送ります。企画が通り、新商品の発売時に本が出版できれば、書店を貸しきって商品の販促をしているのと同じような効果があります。（**【参考書籍】**『なぜ、ティーダは世界で一番売れている日産車になりえたのか？』新発想マーケティング研究会　幻冬舎刊）＝日産自動車が主力車種「ティーダ」のモデルチェンジ時期に合わせて出版したもの。出版を使った販促活動の一例。

3．セミナー↓新商品発売3ヶ月前にセミナーの準備を始めます。講演内容を作成し、会場を決め、ホームページで集めた見込み客にセミナー告知を行います。新商品の発売時にセミナーを開催し、参加者に新商品や書籍、関連商品を購入してもらいます。

4．プレスリリース↓新商品発売1ヶ月前にメディアに送ります。発売日には新聞や雑誌に取り上げられ、また社長や担当者がラジオにゲスト出演し、商品を紹介します。

このように仕掛けの時期を工夫し、発売時期に4つのツールが同時に効果を発揮するよう意識します。一度この流れがうまくいくと、後は「**ツールの成果が成果を呼ぶ**」好循環が繰り返されます。例えば、

・メディアに掲載されたら、ホームページにメディア実績を掲載する

←

・メディア実績により、訪問者との信頼関係が補完されて高い確率で見込み客になり、また商品を購入する（**売上アップ**）

・見込み客が増えれば出版企画書を書きやすくなり、2作目の出版が決まる。また、本の読者が商品を購入してくれる（**売上アップ**）
←
・見込み客が増えればセミナーの集客がしやすくなり、参加者が増え、セミナー会場で商品がより売れるようになる（**売上アップ**）
←
という具合です。したがって、

・一定数の見込み客が集まる時期
・本が出版される時期
・セミナーを開催する時期
・メディアに取り上げられる時期

この4つが同時期に集中するよう、戦略的に取り組むことです。これが私の提唱する「中小企業のためのクロスメディア戦略」です。もちろん仕掛けるにあたり、細かいところは詰めていく必要がありますが、この流れをイメージして頂ければ問題ありません。また、同時期に効果を発生させるのは、中小企業の場合「無駄なく」「効率よく」やることが**至上命題**だからです。プレスリリースにしても出版・セミナー・ホームページにしても、自社の中で経営資源は限られています。プレスリリースや出版原稿を書くには時間が、従業員にやってもらうと人件費もかかります。また、ホームページやセミナーは若干ですが、お金がかかります。削られる経営資源が同じでしたら、そこから発生する効果は大きければ大きいほど望ましいのです。

クロスメディア戦略はひとつのツール・実績・成果を大事に使う**「もったいない」精神**が原点にあります。以下では、「もったいない」精神について詳しくお話ししていきます。

■「やりっぱなしにしない」クロスメディア戦略の効果測定

戦略を実行した後は、その結果を振り返ることが大事です。例えば「**料理は後片づけまで**」という言葉がありますが、料理は作るだけではなく後片づけができて一人前、という意味です。クロスメディア戦略も同様に、仮に結果が思わしくなくても振り返ること（**効果測定**）で初めて一人前になります。戦略を実践後に成果として「自社サイトのアクセス増」「見込み客増」「利益増」などが現れますが、焦点の当て方によって評価が変わってくるので、成果に対して**どの数値を基準に評価するかが大事**です。効果測定方法は3つあります。

1. アクセス解析方式

2. 広告費換算方式

3. 利益方式

「アクセス解析方式」とは、ある戦略を実行した結果、自社サイトのアクセスがどのくらい上昇したかを検証するもの、「広告費換算方式」とは、戦略実行後に会社や商品の認知度や知名度を向上させた場合、広告を出して同じ効果を得るにはいくらお金を使うか、広告費に換算して検証するもの、「利益方式」は一番シンプルで戦略実行の結果、どのくらい利益があがったのかを検証するものです。**本書で効果測定方法として推奨するのは「利益方式」**です。

ここまで読み進められたあなたにとっては、しごく当たり前の答えかもしれません。「**クロスメディア戦略の目的は利益の最大化である**」は、不変のテーマだからです。では、なぜアクセス解析方式や広告費換算方式ではなく利益方式を採用するのか、もう少し詳しくお話しします（3つの方式の比較は、図1をご覧ください）。

私が利益方式を採用する理由は、2つあります。

1. 追跡できる

2. 間違った方向に進まない

まず「追跡できる」は、**活動結果を目に見える形で表すことができる**という意味です。利益方式は、利益が「1回の出版でいくら」「セミナーでいくら」と結果が数字で表れますが、例えば「プレスリリース」の場合、メディアに取り上げられるだけでは、利益はメディアから

図1　クロスメディア戦略の効果測定方式

	アクセス解析方式	広告費換算方式	利益方式
プレスリリース	・メディアに取り上げられた日以降に自社サイトのアクセスが上昇しているかどうか確認	・メディアを広告として買い取った場合の広告料で換算する	・メディア掲載が直接利益に結びつくことはない ・2次的活用法や他の媒体を結びつけるクロスメディア戦略が必要
出版	・本が出版されて、タイトルや内容に関するキーワードで検索した人がどのくらいいるのかを確認	・本を自費出版した場合の金額を広告費と換算する	・印税と「本業の跳ね返り」を利益として換算する
セミナー	・セミナーの参加者はすでに見込み客であるため、セミナーを開催したから、自社サイトのアクセスがあがることはない	・セミナー開催をイベント業者に委託した場合、その委託料金で換算する	・1回のセミナーで得られる利益（参加費、会場での即売会など）を考える

支払われるギャラだけです。しかし、メディア実績を使い回したり他媒体をクロスさせたりすることで、目に見える利益金額を上昇させることができます。同様に「セミナー」であれば、1回の講演で得られる参加費や会場で、商材の売上などを利益という形で検証することができますし、また「出版」であれば、1冊の本から発生する印税や「本業への跳ね返り」の金額が、利益になります。どんなキャンペーンや仕掛けについても、利益の最大化を目標とする上では、ひとつのキャンペーンや仕掛けを金額に置き換えて**客観的に**見据えることができるのは、利益方式のメリットです。良くも悪くも**金額は嘘をつきません**。

一方、他の2つの効果測定は正確な効果を測ることができません。「アクセス解析方式」の場合は、アクセスが上昇してもその原因を突き止めることはできません。なぜなら「メディア戦略の結果アクセスが上昇した」のか、「検索エンジンのアルゴリズムが変動したためアクセスが上昇した」のかわからないからです。Yahoo! もGoogleも、検索エンジンの内部を公開していません。そのため、**こちらの意図しないキーワードで上位表示される**こともあります。例えば、私は「慰謝料」という単語でアクセス対策を行っていませんが、なぜか上位7位に表示されています（Yahoo! の場合、2008年3月6日現在）。このように、「アクセス解析方式」ではメディア戦略の成果を検証することができません。

また「広告費換算方式」は、広告費に換算できる媒体とできない媒体があります。旧来のメディア戦略（ひとつのツールだけ使うもの）でしたら、換算することは可能です。例えばプレスリリースを新聞社に送り、取材を受けたインタビューが全国紙の一面に掲載された場合、広告費に換算すると1000万円という金額になりますが、本書のクロスメディア戦略では、2次的活用や他媒体とクロスさせることで相乗効果が発生しますので、**「広告費換算方式」で算出した金額以上の効果を発揮することもあります。** したがって、複数のツールが絡む場合、「広告費換算方式」は正確な効果測定ができません。

次に、利益方式を採用する第2の理由「間違った方向に進まない」についてです。間違った方向とは、**社長や広報担当者の「自慢や自己満足」**です。人間は欲深いですから、当初はきちんとした理念を掲げても、しばらくすると自分勝手な行動を始めます。仮に「利益方式」を採用しても、都合よく解釈し始めて自慢や自己満足のためにメディア戦略を仕掛けてしまうのです。「新聞に載りたいから」「大勢の前で独演会を開きたいから」「自叙伝を出したいから」この言葉の裏には、「親戚や友人に自慢したい」気持ちが見え隠れします。もちろん自然な気持ちですが、これが最優先になってしまうとメディア戦略の方向性を見失います。

メディア戦略は、ひとりではできません。自社の広報担当者・メディア担当者・出版社・ホームページ作成会社など多くの人を巻き込みますので、自慢のために他人を動かそうとすると、態度が傲慢になります。例えば、利益方式であれば「読者に伝えたい情報がたくさんあるから、紙面を大きくとって欲しい」ですが、時間の経過とともに「友人に自慢したいから、紙面を大きくとるように」と、ここまで極端でなくても、心の底では思っているはずです。自社の広報担当者は別としても、他の利害関係者はあなたのために動いているわけではありません。その向こう側にいる読者・視聴者・リスナーのために動いているのです。腹黒い態度や言動はすぐに見透かされ、そのうち見向きもされなくなります。このような事態を防ぐことは、難しくありません。効果測定方法に「利益方式」を採用して、**継続すること**です。

ところで、「利益方式」で効果測定すると活動の終着点が「利益の最大化」になり、それを目指して活動を組み立てていきます。「利益」は、言い換えれば「お金儲け」ですが、間違った解釈（お金のために何でもやる。人を騙す犯罪行為も容認）をしなければ問題ありません。利益は、お客様が商品やサービスを購入した時ですが、お客様はお金に厳しくわがままで優柔不断なので信頼関係を築き、商品説明して購入判断してもらうのに様々な戦略と工夫が必要になります。そのため、効果測定方法に「利益方式」を採用することで目線は自然とお客様に向くようになるのです。逆に考えると、利益方式を採用できないキャンペーンや戦略は使わずに、利益の最大化を目標にできるものだけを取捨選択します。利益方式を採用できない代表的なものは、例えば「御社のイメージアップにつながりますよ」という謳い文句で、綺麗な画像が流れてくるホームページや、社長の顔で紙面がいっぱいの**イメージ広告**です。このような広告で自社のイメージが向上するか、私はわかりませんが、少なくとも**直接利益に結びつかない**のは確かです。利益につながらない成果は、漠然とした効果測定しかできません。お金が余っている会社は別として、これからメディア戦略に取り組む会社は「利益方式を採用できるか」を判断基準にして頂きたいと思います。

■「死んだツール」であるラジオを復活させる方法とは？

さて、ここからはクロスメディア戦略の原理原則を踏まえ、私が実際にやってきた事例をお話ししたいと思います。内容について細かいテクニックや言葉ではなく「**私がどのような発想でツールとツールをつなげたのか**」「**その結果、相乗効果を発生させたのか**」、そのあたりに目をつけて頂くと、あなたの会社でも取り入れることができます。

メディア戦略にはいくつか種類がありますが、ここ数年「**死んだツール**」と言われているものがあります。それは**ラジオ**です。大手広告代理店・電通によると、２００４年のラジオの広告価値は、インターネットに追い抜かれました（２００５年2月18日、IT-media より）。雑誌やラジオなど旧来の媒体はこれからどんどん衰退していき、表舞台から消えていく。これが世間一般の視点です。

ラジオはもう死んだツールだから、使いものにならないのでしょうか？

事実として、ラジオの「広告価値」が下がっていることは間違いありません。しかし、ラジオが「死んだツール」と言われても、「本当はどうなのか」自分の手足で行動し、好結果が出たら儲け物です。これこそが、**クロスメディア戦略の思考**です。ここからは2007年6月と2008年2月に、私が具体的にどのような方法で「死んだメディア」ラジオを活用したかをお話ししますが、クロスメディア戦略の「**クロスさせる**」点を有効活用したものです。

今回の場合、①『ホームページ』、②『プレスリリース』という順番で相乗効果をあげました。

ラジオを使うには戦略実行前に事前準備が必要になりますが、次の2つです。

1．一定の見込客を抱えていること

2．ラジオ出演のオファーをもらうこと

まず「一定の見込客を抱えていること」ですが、見込み客はホームページで集めました。ホームページの目的は、見込み客を集めること（第5章参照）ですので、いつでもアプローチできる状態（リスト化）にしておきます（現時点では、メルマガが安価で簡単な方法です）。

では「一定数」とは、どのくらいの数でしょうか？

今回の場合、成約率は0・28％でした。つまり1000人のうち2.8人ですから、見込み客が400人はいないと成約数はゼロです。したがって比較はできませんが、少なくとも見込客は400人必要です。ただし229ページでお話ししたように、メルマガ購読者を400人集めるのに2ヶ月は必要です（なお、私は「離婚したい人、離婚した人」のリストを2007年6月時点で約5000人、2008年2月時点で約6500人分持っていました）。

次に「ラジオ出演のオファーをもらうこと」についてです。興味を持ってもらうため、ラジオ局にプレスリリースを送って担当者に読んで頂き、出演依頼をもらいます。ただし、出演のオファーをもらうのに1ヶ月は時間が必要です（なお、私の場合は新聞掲載の実績を使って、民放ラジオ局から番組出演依頼を頂きました。ラジオ局へのアプローチ方法は、第2章をご覧ください）。このように、事前準備の段階でこの2つが揃ったところで、いざツールを「クロス」させる作業に入ります。「プレスリリース」「ホームページ」単体でできなかったことが、両者をうまく掛け合わせて相乗効果が発揮され、クロスメディア戦略の目的「利益の最大化」をもたらすことができるのです。では、私は何を実行したでしょうか？

私の会社で利益が発生するのは「法文書の作成依頼」『コンサルティング業務の依頼』ですが、高い確率でお客様から依頼を頂けるように「仕掛け」を作りました。それは、**販促キャンペーンを張ること**です。それは「『○○放送を聴いた』とおっしゃって頂いた方は○割引きです」というものです。あなたも、ラジオCMでこのような宣伝文句を聞いたことがあるかと思いますが、これをクロスメディア的に実践していきます。フレーズ自体は、番組間のコマーシャル（CM）と同じですが、CMを流すには放送局に直接お願いするか、広告代理店に委託して制作費や宣伝広告費がかかるので、クロスメディア戦略の基本「**お金をかけないこと**」からは本末転倒です。また、CMのデメリットはもうひとつあります。CMは、お客様の要望に関係なく半ば強制的に聴かせますので、お客様はCMを「宣伝だ、広告だ」という心理状態で聴き、同時に「**だまされるもんか**」という心理的抵抗を抱くのです。私は「お金もCMも使わずにラジオ電波でキャンペーンを仕掛ける方法」を模索しました。実践法は、メッセージを**番組内で流してしまうこと**です。番組内で行えば、お客様にとって違和感はありません。お客様は無理やり聞かされたのではなく「番組コーナーのひとつ」ととらえます（ただ、以下でお話しますが、リスナーに直接投げかけるわけではありません）。

しかし、このキャンペーンはそのまま実行してしまうと多数の問題が生じてしまうため、いくつかの工夫が必要です。その点について、これから1つひとつ解決したいと思います。

■クロスメディア的な発想の転換方法

ひとつ目の問題は「ラジオのリスナーに、自社の見込み客がいるかどうか」です。

第2章でお話ししたように、メディア媒体は専門誌や専門番組でなければ、読者やリスナーはセグメントされていません。私がコメンテーターとして出演したのは、2007年6月と2008年2月の共に朝の情報番組でしたが、この番組を聴いている人はおおよそ出勤中や移動中の会社員と思われます。といっても年齢は20～60歳、男性も女性もいて家族構成も異なります。私の顧客ターゲットは「離婚問題を抱えている人」ですが、リスナーにこの層が含まれているか、私は判別できません。セールスの基本は**「買ってくれる見込みのある人に商品を紹介すること」**ですが、リスナーに見込みがあるかどうか「わからない」ことは致命的な欠陥です。したがって「キャンペーンを番組中にやっても、期待する効果はあがらない」ことを知って、大半の人が「ラジオは使えないメディア」という烙印を押し、手を引いたのです。

「当たり前のことをやってもうまくいかない」のは立証済みです。ここで発想の転換をします。キャンペーンの対象は、番組のリスナーではありません。自社の見込み客です。「見込み客がいるのかどうかわからない」リスナーではなく、「自社の見込み客」である**メルマガ購読者にメッセージを伝える**のです。私は、実行する前に「一定数の見込み客を集めるように」と書きました。すでに、あなたは相応のメルマガ購読者を抱えているはずです。そこで「『○○放送を聴いた』とおっしゃって頂いた方は○割引きです」というメッセージを、メルマガ購読者だけに向けて発信します。つまり、メルマガ購読者が私の出演するラジオを聴いてこのキャンペーンを知り、法文書の作成やコンサルティングを依頼してくるように仕向けるのです。この方法でしたら「買ってくれる見込みのある人に商品を紹介すること」になります。

次に2つ目の問題は、「**メルマガとラジオの限界**」です。第4章のように、メルマガ購読者は全国に散らばっています。一方、ラジオは周波数の関係で一部地域の人しか聴くことができません。例えば、東京のラジオ局に出演した場合、北海道や沖縄に住んでいるメルマガ購読者は対象外になり、キャンペーンに参加できるのは、一握りの購読者だけになってしまいます。しかし、その心配は杞憂に終わりました。「ラジオは一部地域の人しか聴くことができない」は**誤り**で、東京のラジオ番組を北海道でも沖縄でも聴くことができるからです。ラジオ局のテクノロジーは、年々進歩しています。インターネット回線を通してラジオ電波を届ける機能を「**ポッドキャスト**」と言いますが、これによりインターネットが接続できる環境にあれば、沖縄にいながら東京の番組を聴くことができます。したがって「メルマガ購読者がどこに住んでいるか」「ラジオの電波がどこまで届くか」を心配する必要はありません。なお、ラジオ局にはＡＭ（ニッポン放送・ＴＢＳラジオなど）、ＦＭ（東京ＦＭ・ＦＭ横浜など）、コミュニティＦＭ（せたがやＦＭ・西東京ＦＭなど）がありますが、大半のラジオ局はポッドキャストに対応していますので、**ラジオに地域性という壁はありません**。

図2　2月2日に実施したメルマガの文面

件名：ラジオ生出演記念キャンペーンのお知らせ

２月に突入し、明日は節分だというのに、予報は吹雪だそうですね。
雪に混じって豆が飛び交うなんて、何年振りでしょうか？
露木行政書士事務所・露木と申します。

さて今日はこのメールをご覧の方にだけ、
とってもお得なお知らせがあります。

キャンペーンといっても、そんな大袈裟なことではなく
『作文』を読むだけです。

作文を読んで、キーワードを見つけていただくだけで
キーワードを入力するだけで、最大8,000円の割引を
受けることができます。

どういうことかと言うと…

ラジオ生出演記念キャンペーンの概要

■キャンペーンの内容

２月４日７時～９時　○○放送「＊＊＊ラジオ」に私が生出演します。
７時25分頃、番組内で小学生の作文を読むコーナーがあります。
（読むのは私ではなく、アナウンサーです）

２月４日に取り上げられた作文は、何年生が書いたものなのか
メモに残しておいてください。

小学生なので１年生から６年生の間です。
これが応募のキーワードになります。

■キャンペーンの特典

キャンペーン対象のサービスがすべて10%引きになります。
例えば離婚パワフルパックの場合
通常80,000円−キャンペーン割引8,000円
＝72,000円となります。

■キャンペーン対象のサービス

・離婚協議書作成サービス
http://www.tuyuki-office.jp/shouzai.html

・愛人の子認知請求サービス
http://www.tuyuki-office.jp/rikon336.html

注）認知ライトパックは対象外

■応募方法
上記のリンクはサービス申込のフォームになります。
フォームの最後には「その他ご要望、ご質問」の欄があります。
ここに『○年の小学生』とだけご記入ください。

番組中に取り上げられた学年と、申込フォームの学年が合致すれば
申し込み完了となります。

質問：キャンペーンに申し込むため、出演の様子を聞くには
どうしたら良いのでしょうか？

◆県内に在住の方はラジオの周波数をあわせてください。
一般的なラジオまたはラジオ機能がついた携帯電話、
オーディオで視聴してください。

◆県外にお住まいの方はインターネットラジオでお願いいたします。
↓　↓　↓　↓　↓　↓
http://www.＊＊＊＊＊＊.com/sbs_radio.html

２月４日、出演の内容は番組ホームページで、ちょっとだけ公開しています。
朝１番から重い話題になりますが、この問題を扱うことで
その情報が、リスナーのお役に立つことと思います。

その結果、ご自分が抱えている問題を解決する糸口になることを期待します。

※ラジオキャンペーンの告知

最後に3つ目の問題は、「**キャンペーン応募の信憑性**」です。一般的なラジオキャンペーンのメッセージは「『○○放送を聴いた』とおっしゃって頂いた方は○割引きです」というものですが、このフレーズでは問題が発生します。それは、放送前にメルマガ購読者に「放送局名・番組名」を教えるため、**ラジオを聴いていなくても申し込みができてしまいます。**これでは「番組を聴く必要のない」キャンペーンです。この事態を防ぐには、**キャンペーンのメッセージを変えること**です。「○○放送を聴いたら」という言い方ではなく、「キーワードは○×」と変更し、番組を聴かなければわからないものに設定します。キーワードを決める際、番組担当者にお願いすると、出演の1週間前くらいに番組のタイムスケジュールを見せてもらうことが可能です。その中から応募キーワードを決めていくのが自然な流れです。私の場合、番組中で「小学生の作文が読まれるコーナー」があることを事前に知り、応募キーワードは「この小学生は何年生か?」を答えにしました(図2参照)。念のため、担当者に答えが番組ホームページに更新されないことを確認したので、ラジオをリアルタイムに聴いた人しかキーワードはわかりません。このような工夫をすることでキャンペーンの不正を防ぐことができます。私のキャンペーン結果は、2007年6月は成約率が0・28%で売り上げが約40万円、2008年2月は0・13%で約35万円でした(2008年2月29日時点。金額は出演料込み)。他に同じことをやっている人を私は知りませんので成約率の比較はできませんが、通常のメルマガに比べて6～10倍ですので、**キャンペーン効果はあった**と判断できます。

ところでラジオに出演する場合、出演料は何十万という金額にはなりません。また、放送時間が2時間とすれば移動や打ち合わせを考えると、約半日を費やさなければなりません。時間給を考えると、私を含めどの専門家も出演料ではペイしませんが、緻密な「仕掛け」で出演料以外からも利益をあげることで、ペイできるだけのお金を得ることができます。大事なのは「ラジオは使えない」ではなく**いかに使えるようにするか**、発想に脳みそを使うことです。

■なぜ今「ラジオ」なのか考える

私はこのキャンペーンで成果をあげることができるのは、3つの理由があると考えています。

1．それぞれのツールの弱点を補完できる

人間には、大まかに分けると次のような傾向があります。

- **文章を書いたり、読んだりするのが好きな人＝「書き好きな人」**
- **言葉を話したり、聴いたりするのが好きな人＝「聴き好きな人」**

ホームページを使って集客を図る場合、一番の欠点は**文字でしか表現できない**ことです。

自分や会社や商品のことをお客様に知ってもらう際、「書き好きな人」は文字の使い方がうまく、

高い確率で見込み客を呼んで商品を購入してもらえます。一方、いくら文字をうまく使っても相手の心に響きませんが、話したり相手の話を聴いたりすることで同様の成果をあげる人がいます。これが「**聴き好きな人**」です。私は「聴き好きな人」です。こうして出版原稿を書いていますが、文章を書くのは好きでも得意でもありません。文章と会話を比べるのでしたら、会話で説明した方がより魅力的に伝えることができます。これは、**情報を伝えるだけでなく、情報を受け取る際にも言えます**。同じ文字を読んでも、意図することが「わかる人」と「わからない人」がいます。リテラシー（読み書き能力）には個人差がありますが、これは個人の能力よりも好き嫌いの問題です。ホームページは「文字を読むのが苦手な人」には有効なツールではありません。

一方、ラジオは「聴き好きな人」のためのツールです。「この人はホームページにいろいろ書いているけど、実際はどんな人だろう。本当に信頼できるなら買ってもいいけどな」と思っている人に対し、自分の声を使ってメッセージを投げかけることができますので、効果的なアプローチ方法です。また、音声を使うことで文字が苦手な人にメッセージを理解してもらえますので、ホームページの欠点「リテラシーの個人差」をラジオによって補完でき、ラジオをキャンペーン媒体にすることで「聴き好きな人」を取り込むことができます。

このように「ホームページ」と「ラジオ」、この2つのツールを同時に使うことで、「書き好きな人」「聴き好きな人」双方に効果的なアプローチをすることができるのです。

2. 認知度、信頼度を向上させることができる

第2章でお話ししたように、中小企業の最大の欠点は「**知名度、信頼度のなさ**」です。「名前も知らない会社の商品は買いたくない」お客様と信頼関係ができていませんので、商品を購入する最後の一歩を踏み出せずに、疑いの目をこちらに向けています。それを払拭する方法は、メディア実績を周知することもひとつの有効な方法ですが、ここでは別の方法として、**生の声を聴いてもらうこと**です。これは、どういうことでしょうか？

先ほどお話ししましたが、ホームページは「文字だけの媒体」ですので、仮にプロフィール欄にいろいろ書いてあっても、私がどんな人間かをリアルに感じることができません。したがって、私に対して文字だけのイメージしかありませんので、信頼を置くことができません。実績があればあるほど、どんどん雲の上の存在になってしまいます。

しかし、ラジオで肉声を届けることで「生身の人間」であることを知ってもらい、**ホームページで離れていたお客様との距離を縮め、信頼関係を築くことができます**。例えば私の場合、本書の原稿やホームページの印象ですと「低い声で無口なイメージ」かもしれませんが、実際には裏返ったような高い声で、話がよく脱線するお笑いキャラです。声を聴いてもらうことで「真の姿」を知ってもらい、より親近感を持ってもらうことができます。

ところで、お客様との信頼関係を築く作業は、キャンペーンだけではありません。日々の活動でも、意識してお客様に「声」を届けることが大事です。ラジオ局によっては、ゲスト出演の音源を「アーカイブ」または「過去のポッドキャスト」で番組ホームページ上に公開していますので、生放送が聴けない人にも声を届けることができます。具体的には、自社サイトやメルマガでラジオ局のアーカイブへのリンクを貼り、そのページへ訪問を促します。そうすることで、日常的にお客様と信頼関係の補完作業を継続することができます。

3.ラジオとインターネットの相性が良い

2008年2月27日の読売新聞に、次のような記事があります。

「ここ数年、広告費の落ち込みが止まらず『斜陽化』とさえ言われる民放ラジオ。しかし『音声のみ』を逆手に取った大きなスケールのCMやインターネットへの強い誘導力を生かしたアイデアの成功例も増えてきた。（中略）ネットと連動しやすいラジオのメリットを広告主に訴えていきたい」

これはラジオCMの話ですが、番組内PRについても同じことが言えます。例えば、ラジオをポッドキャストで聴いている人がいて、番組内で気になるキーワードがあればその場でパソコンを使ってすぐに検索できますし、ゲストの詳細なプロフィールを知りたい場合も同様です。キーワードの関連情報やゲストのホームページが、**パソコン1台で閲覧できる**わけです。

こうした「**手軽さ**」が、ラジオとインターネットで連動しやすい理由です。インターネットとの連動のしやすさは、他の媒体（新聞、雑誌、テレビなど）と比べても優位なところです。

■やらないとわからない、クロスメディア戦略のリスク

キャンペーンをやる前に、あらかじめ気をつけなければならないのは、**一時的に大量の依頼が舞い込む**ことです。この方法はツボにはまると、想像し得ない効果を発揮するので、キャンペーンを仕掛ける際には見込み客や利益の増加分などを想定することが不可欠です。なぜなら、自社業務の処理能力によっては押し寄せた依頼に効率良く対処できないからです。「**対処できないこと**」がクロスメディア戦略のリスクです。第3章で触れましたが、一定数以上に対処するには、商品でしたら仕入れ、サービスでしたら人員を増強する必要があります。

しかし、現実にはキャンペーンに合わせて仕入れを増やし、人員を採用することはできません。キャンペーン終了後、余剰在庫や人員を抱えてしまう危険があるからです。仮に「突然の依頼」であれば、第5章で話したように「**お断り**」で済みますが、キャンペーンで依頼してくるのは、「イチゲンさん」ではありません。今まで何度もメルマガやブログを読んでいる人たちです。「いつか依頼したい」と熱愛していた人が、ちょうどその時期（今回、離婚を決断

した）に依頼してきたのです。この方々は**優良顧客**です。断るには非常に勇気がいります。手塩に育てた見込み客を自ら手放すと、今までがすべて無駄に……「**機会損失**」という言葉がありますが、経営上大きなマイナスです。なぜなら、経緯を1から作るのに多くの経営資源を投入しているからです。「大量集客」「行列ができる事務所」という言葉は格好良く聞こえますが、現実的に全く良くありません。お客様に迷惑をかけるのは、お馬鹿さんがやることです。

一方、依頼を断らないと「供給不足」「需要過剰」状態で依頼を受けることになり、他の仕事に支障が出てきます。人間が集中して労働できる時間は限られますので、既に決定したスケジュールに新たな依頼を割り込ませなければなりません。すると、期限が迫っていない仕事を後回しにすることになります。賢者は、キャンペーンを仕掛けるにあたり「申込件数を絞る」「申込期間を限定する」などの工夫をすることで、**機会損失をできるだけ避ける努力をします**。そうすれば、戦略が当たって想定外の集客ができても、きちんと対応できるのです。

■本の読者に商品を購入してもらう方法とは？

さて、クロスメディア戦略の実践方法についてですが、次は出版キャンペーンです。ここでも戦略に取り組む前に事前準備が必要ですが、改めて新しいことにチャレンジするわけではありません。今までの内容の延長線上です。今回の場合、あらかじめ必要なことは次の2つです。

1．出版社に出版企画を通すこと

2．一定数の見込み客を抱えていること

まず「出版企画を通すこと」は、出版企画書を作成して出版社に掛け合い、OKをもらうことです。戦略を仕掛ける前の段階は、原稿を書き終えて本の発売を待つ状況です。すでに出版されているのでしたら、それでも構いません。とにかく本を出版できる環境が整い、出版社の決定が前提です。「一定数の見込み客を抱えていること」は、95ページでお話ししましたので割愛します。見込み客は多いほど良いですが、見込み客確保に費やす時間は限られますので時間内で行います。「仕掛けの順番」でお話しした（269ページ参照）ように、出版するには企画書作成時点から逆算すると6ヶ月ほど時間がかかりますが、見込み客については6ヶ月あれば、1000～2000人は集めることが可能です。なお、見込み客は継続的に行うことで時間の経過とともに増えていきますので、スタート時点で見込み客が少なくても、それほど気にする必要はありません。この方法の**着手は6ヶ月前から**とご理解ください。

「本の出版予定あり」「一定数の見込み客を抱えている」この2つの要素を使って、どのように相乗的な効果を発揮する「仕掛け」を作るのでしょうか？

具体的な方法は、それほど難しくありません。「**メルマガで本の紹介をすること**」です。

毎回メルマガの中で、著書を購入できるリンクを貼っておくだけです。「そんなこと、誰でもやっているじゃないか。どこが戦略なんだ」とお叱りを受けてしまうかもしれません。

では、メルマガで本の紹介をすることが、なぜクロスメディア戦略なのでしょうか?

私は「メルマガで本の紹介をすること」で、本をたくさん売って印税を儲けようということではありません。第3章で話したように「出版からの跳ね返り」によって**本業の利益をあげよう**ということです。一連の流れは、次のようになります。

- **ホームページで見込み客を集める**
- **見込み客に本を買ってもらう**
- **自社の商品やサービスを購入してもらう**

当たり前の話ですが、当たり前と捉えない人が大多数です。特にメディア戦略に一定の知識がある人は、誤りがちです。まず、大多数が考える「出版のメディア戦略」について「本にURLを書くと、読者がホームページにアクセスする数が増えて売上がじゃんじゃん増える」と思い浮かべるでしょう。本に自社サイトのURLを書き販促ハガキを入れ、無料CDや冊子のFAX用紙（見込み客のリスト化）を挿入するイコール、メディア戦略と思われます。私は、このような方法に一定の成果があることは否定しません。また第3章で話したように、戦略を立て出版原稿を書くことで、読者を顧客に変えることができます。例えば、私が2007年3

月に出版した『シングルマザーの認知、養育費、慰謝料』は、既婚者男性の子を身籠った女性がターゲットですが、読者が検索エンジンで自社サイトにたどり着く場合、考えられるキーワードに「認知」があり、以下は自社サイトに「認知」で検索してアクセスした人の推移です。

2007年3月1日〜31日　878人
4月1日〜30日　958人
5月1日〜31日　1168人
6月1日〜30日　891人
7月1日〜31日　872人

このように、出版効果で一時的にアクセス数が増えたことがわかります。本を出さなければ一定数はアクセスされなかったでしょう。確かにアクセス増加は嬉しいですが、私は当時から危機感を感じました。それは**「出版の跳ね返り」の限界が垣間見えた**からです。「本から自社サイトに人を引っ張る方法」の限界とは、**本の売上部数はこちらの都合で引き上げることができない**ことです。例えば、発行部数に対して1％の割合で無料CDの申込みがあるとします。本の初版部数5000冊に対し50人の見込み客を得ることで、5万冊なら500人、50万冊なら5000人という計算です。発行部数が多いほど「出版からの跳ね返り」が増えますが、「跳ね返り」を期待するには本をより多く売らねばなりません。

では、著者の努力で本の売上部数を、右肩上がりで増やすことができるのでしょうか？

答えは人によって異なると思いますが、私は「**ノー**」です。なぜなら、クロスメディア戦略には各分野の専門家が取り組むべきですが、自分が解決してきた問題を本にまとめた場合、どうしても**実用書**の類になるからです。一般に、ベストセラーになる本は「読者層が広い」のが特徴で、どんな年代・職業・家族構成の人も読みたいと思わせる内容です。一方、実用書は原則「悩みを抱えた人が解決するために読む本」ですから、読者が限定された**ニッチな内容**です。したがって、実用書が右肩上がりで売れていくことはありません。売上部数は自ずと天井が見えてきます。そう考えると、出版によるメディア戦略を実践しても「出版からの跳ね返り」はしばらくして臨界点を迎えます。私の場合、119ページで「出版からの跳ね返り」が6ヶ月で6倍になった話をしましたが、7ヶ月目にはゼロに近い数字になってしまい、別のやり方を模索せざるを得ませんでした。「出版」は**ある種のイベント**です。もし、出版活動だけで継続的に成果をあげるのでしたら、次から次へ短いインターバルで本を出版しなければなりません。実際にそのやり方を採用している人もいますが、これはクロスメディア戦略ではありません。他のツールと組み合わせて、効果を最大化するのがクロスメディア戦略です。

ところで「出版からの跳ね返り」に依存すると、同時にもうひとつのリスクも発生させます。それは、**出版業界の将来に身を委ねること**です。出版業界が将来も前途洋々かというと、そんなことはありません。問題解決の手段として「実用書を読む」方法も選択肢のひとつですが、それ以外にも「友人に相談する」「インターネットで調べる」などがあり、インターネットひとつとっても「掲示板に書き込む」「日記を書く」「メールを送る」など、多くの選択肢があります。このように、解決法を知る手段が増えるほど本の存在感は薄くなり、売上部数が減ると「出版からの跳ね返り」も減ります。したがって、出版に依存しすぎる戦略は問題です。

出版はラジオと違い、一過性の企画モノではありません。継続して告知することで長期間に効果を持続すること、「**繰り返しお客様に知らせること**」がポイントです。「出版からの跳ね返り」は**一過性の効果と継続性の効果**に分けて考える必要があります。

以下で、詳しくみていきましょう。

■出版の効果を長期間持続させる方法とは？

さて、本の読者に自社商品やサービスを購入してもらう方法（一過性の効果）は、「本の読者を顧客にする発想」からきているものですが、一過性の効果は出版直後に大きく発生します。

しかし、**売上部数に影響されるため、不安定で一時的なもの**です。例えば、たまたま書店に訪れて手にとった本を購入した人が読んで内容に満足し、本に挿入されているハガキを使って資料請求したり、本に書かれているURLから自社サイトに訪問したりする場合、著者自身が直接影響力を行使することはできませんので、効果が一過性で時期によって波があります。そのため、出版のターゲットを新規客に設定してしまうと、本の売上部数は永遠に右肩上がりではないので、読者を顧客に変える発想は途中で息詰まることになります。したがって、「出版」をクロスメディア的に変換して必要があります。

まず、発想の転換をします。それは**ターゲットを新規客ではなく、見込み客に設定することです**。ターゲットを新規客から見込み客に切り替えることで、出版効果を持続させることができます。そして、一過性の効果を心の底では期待しつつも、継続性の効果が現れるように仕組むのです。「継続性の効果」は**見込み客をお客様に変える方法**です。継続性の効果は、次の3段階をお客様が踏むように仕組みます。

- **ホームページで見込み客を集める**
- **見込み客に本を買ってもらう**
- **自社の商品やサービスを購入してもらう**

見込み客→お客様、この流れの間に「読者」という状態をセットします。見込み客からお客様に変貌させたいのは「8万円の法文書作成を申し込みたいけど、本当に8万円の価値があるのかな。このサービスに申し込むことで将来の不安を払拭できるなら高くはないと思うけど、他もあたってみようかな」と、**商品やサービスを購入しようか迷っている人**です。私の場合、お客様がサービスの価値に疑問を抱き、他社のサービスと比較するのは、週2回のメルマガや900ページのホームページを読んでも、なお私との間に「信頼関係」が構築されていないからです。第3章でお話ししましたように、このような人に本を読んでもらうことで読者との間に信頼関係を築き、最後の「購入ボタン」を押してもらうことができるのです。もし、お客様が私のことを信用していないのでしたら、「本を読む」作業を意図的に誘発するために「メルマガで著書を紹介すること」です。私とお客様の間に足りない信用を、本が補完します。

ところで、本とホームページの文章は、そもそも信用力が異なります。ホームページは、情報を発信する側が一方的に作成しますので、事前にフィルタがかかることなく内容がそのまま公開されます（検索エンジンで、検索結果に表示されるホームページは玉石混交です）。このことを知っている訪問者は、始めからホームページの文章を疑っていますので、いくらコンテンツを増やしても神経を使って文章を書いても、心に響くことはありません。

一方、**本は「出版社」というフィルタがかかっていて**、担当者が読みやすいように文章を編集して構成や配置を工夫していますので、本の内容は「きちんとしたものが書かれている」という目で見られます。同じ文章が書かれていても、本とホームページでは読者に与える影響力が異なるのです。そもそも、99％の人は出版実績がありませんから、本を読んでもらうだけで他社との差別化になります。メルマガを読み、ホームページを読み、最後は本を読んでもらうことで勇気を出してもらうように誘導します。本を読むことは「本当に私に依頼しても良いのか」という**最後の確認作業**です。営業手法でいう**クロージング**（購入の意思確認）にあたります。私の場合、毎週水曜の12時と日曜の21時にメルマガを配信しますが、この中でさりげなく著書の紹介をしています（amazonで著書を購入できる仕組み）。直近の数字では、２００８年２月15〜22日の間に、amazonから著書が10冊ほど売れているようです（今までの売上状況をみると、総合ランキング５０００位に１週間ランクインで、10冊は売れたと推測されます）。このクロージングは、本の売上部数ではなく**自分が抱えている見込み客の数に左右されます**ので、見込み客が多いほど確率的には本が売れることになります。**見込み客増→本の売上増→成約増**という流れが確立できるのです。ホームページのアクセスは、第５章の方法を使うことで時間の経過とともに増え、同時に見込み客も増えていきます。

ということは、見込み客の増加に合わせてメルマガ配信数も本の売上数も増えますので、結果、読者が顧客に変わる数も増えます。この上昇カーブは予測可能ですので、売上の見込みを立てられます。また「売上がどこからか」を数字で掴めますので、**結果の効果測定ができる**点で優れています。毎月、**見込み客→読者→お客様**の流れで成約された数と売上は、こちらが積極的にリサーチをかけなくてもほぼ自動的に集計されます。なぜでしょうか？

私が提供するのは、法文書の作成とコンサルティングですが、どちらも**「お客様との会話」**がベースです。お客様は申し込み時に「メルマガで勧められた本を読みました」「感動しました」「是非お願いしたいと、連絡しました」と、本を買ったことを自発的に話してくれるからです。お客様からすれば、本を読むことで私との人間関係が構築されて「私はこんなにあなたに貢献している」と声を大にして伝えたくなり、「ホームページも全部読んだし、メルマガもチェックしてあなたを信頼している」と、私に好意をもっているお客様ほど強調します。

また、法文書の作成やコンサルティングで「この人は本を読んでいるな」と感じる瞬間があります。それは「本で書かれていた○○契約を盛り込んでもらいたい」「A事例と同じような感じなのですが……」などと、無意識にお客様の言葉に表れるからです。正直なところ、成約された方に「本を読みましたか？」と質問をマニュアル化するのはあまり気分の良いものではありません。なぜなら、事業者側は知りたい情報ですが、お客様には関係ないからです。その点、ほぼ自動的に集計できる意味で非常に便利です。なお、見込み客↓読者↓お客様の流れを辿った人が売上全体に占める割合は、２００８年1月は29・5％、２月は13・３％でした。

以上のように、ここで取り上げた方法を使うことで出版戦略にありがちな「たまたま書店で本を手にとることを期待する」不安定さを払拭でき、毎月継続して売上を重ねられます。メルマガにリンクを貼る作業は、馴れれば3秒で可能です。**3秒で実践できる**のが大きいです。

■開業当初から高い知名度を得る方法とは？

最後に、クロスメディア戦略の「応用編のさらに応用編」をお話しします。特別難しい話ではありませんが、多数のツールをクロスするための「応用の応用」です。**この方法は、やや時間がかかります**。なぜなら、事前準備に時間がかかるのと、あなたが以下を読んで理解して腑に落ちるまで時間がかかるからです。まずは他のページに書かれていることに取り組み、きちんと結果を出して頂き、その上でここから話す内容を実践しても遅くはありません。

ここまで、プレスリリース・出版・セミナー・ホームページの4つのツールについてお話ししてきましたが、実は紹介しなかったツールがひとつ残っています。ツール（道具）といっては失礼ですが、それは**有名人、著名人**です。有名人、著名人の力を借りて、クロスメディア戦略をもう1段階パワーアップさせます。有名人や著名人は、私たち一般人に比べて世間に広く名前が知れ渡っていますので、その知名度をお借りして私たちの存在を多くの人に知ってもらい、お客様と信頼関係を容易に築くのです。あなたがもし女性でしたら、化粧品や健康食品のCMや広告をよく目にすると思いますが、決まり文句のように次のフレーズが出てきます。

「**女優○○さんご愛用**」

そして、その女優が商品を使っている写真や使った感想などが大写しになります。これは、女優の知名度を使って商品の購買を促す戦略ですが、この戦略を業歴の浅い人間が実行しようというのが、ここでの内容です。本書を読んできた方はご存知かと思いますが、私は**怖いもの知らず**です。物事が不可能かどうか、実際にやってみてから決めます。今回、**芸能プロダクションに頼まず、自分の力で有名人に協力をお願いしました。**

■開業当初から同業者を打ち負かすには？

あなたは「自分が業界内でどの地位に位置しているか」考えたことはあるでしょうか？

あなたが独立開業直後でしたら、その答えはしごく簡単です。業界内で**一番ビリ**を走っています。これは仕方ない事実です。現実を甘んじて受け入れ、その上で「では、どうすればビリから脱却できるのか」と真剣に考えていくのです。開業当初は、どうしても認知度・知名度が不足しています。そのため、お客様に信用してもらうことができずに、多少でも業歴のある同業他社にお客様を奪われてしまいます。もちろん、1つひとつ実績を積みあげて信頼される存在になることは大事ですし、その努力を怠ってはいけません。ただ、実績が積みあがるまでの「**時間的な猶予がない**」のが現実です。仮に5年間が必要な場合、独立前に5年分の生活費を用意しなければなりません。これでは、誰も怖くて独立できません。また、同業者と同じ地位に登りつめるため、開業資金を使うのは危険です。同業者は、たくさんの人やお金、時間を使うことで今の地位を維持しています。業歴が長ければ長いほど、基本的に経営資源が豊富です。そんな状況で、限られた経営資源の新参者が消耗戦を挑んでも、結果は見えています。

やはり、どの業界でも新規参入は難しいのでしょうか？

「脱サラ、独立開業」は無謀なのでしょうか？

同業者より知名度不足でしたら、時間をかけずに知名度を補う方法を模索すれば良いだけです。それが著名人の力を借りることです。細かい方法論は以下で話しますが、なぜ著名人の力を借りることであなたの知名度を補うことができるのでしょうか？

もし、あなたが開業ほやほやとすると、誰もあなたの名前を知りません。一方、著名人は知名度も認知度もあり、「**名前買い**」現象が発生します。それは、著名人が勧めた商品であれば、良し悪しは別に売れてしまうことです。著名人が販売する商品だけでなく、推薦した他社商品についても同様の現象が発生します。わかりやすい例でいえば、タレントのみのもんたさんが番組で紹介した健康食品がスーパーで瞬く間に売れて、品切れになってしまいます。なぜこの現象が起きるかといいますと、**著名人はファン層を抱えているから**です。ファン層とは、著名人が勧めた商品を何でも買ってしまう層です。一方、あなたが名前を出しても、他社はもちろん自社商品を売ることもできません。駆け出しでは、ファン層を抱えていないからです。

では、著名人があなたの商品を推薦したら、どうでしょうか？

著名人のファン層は「〇〇さんが『いい』と言っているなら、いいに決まっている」と購入します。お客様は、あなたについて「聞いたことないけど信用できるの？」と疑いの目で見ることはありません。なぜなら、**あなたの隣に著名人がいる**からです。もし、知名度にバロメータがあるとしたら、独立開業時ゼロの知名度は、著名人と組むことで80や90に上昇できます。よって、あなたに不足する知名度を補完し、お客様の心理的抵抗を取り除き、成約まで道のりを短縮できます。**著名人は、あなたの業界の同業者より知名度が上**です。同業者を恐れることはありません。あなたは、時間をかけず同業者より有名人になることができます。

■著名人に対する誤解を払拭する

先ほどお話した「著名人の力を借りて信用力を補完する方法」ですが、おそらくあなたはこの方法が縁遠いものに感じたことでしょう。

「著名人が、出始めの自分を相手にしてくれるだろうか」
「無理なお願いをして、その人に嫌われてしまったら」

こんな心配をされるかもしれません。著名人は同じ人間にもかかわらず、とてつもなく大きな存在に見えてしまうからです。ただ、心配するのは**「実際に行動を起こしたことのない人」**です。この心配に対する私の答えは次のようになります。

「そんなに遠慮することはない。恐れずにやってみましょう」

実際にお願いしてみると、打診の仕方に良し悪しはあるとしても、意外にも快く受け入れてくれます。初対面の人間から突然依頼をされても話を聞いてくれるのです。その態度にあなたは、肩透かしを食らうことでしょう。

なぜ、著名人は水知らずの人間に、好意的に接してくれるのでしょうか?

それは、著名人も駆け出しからスタートしているからです。その方も当初はあなたと同じ立場で、数々の苦労を乗り越えて今の地位に辿り着いています。だからこそ、**開業当初の苦労がわかる**のです。今度は自分が「頼まれる側になった」だけです。著名人は、思うほど近寄りがたい存在ではありません。しかし、いくらアプローチ可能といっても、どんな方法でもうまくはいきません。やはり相手に**「協力したい」**と思わせなければ結果は伴いません。相手が存在する仕事は必ず**「相手の気分次第」**だということはあらかじめ承知した方が良いでしょう。私は今まで、他社を巻き込んだ共同企画を仕掛けてきましたが、仕事の打診に全員が承諾してくれたわけではありません。中には意地悪な人や機嫌の悪い人、理不尽な人もいました。「必ず引き受けてくれる」前提でいると、断られた時、不快な思いをします。**「こちらが一方**

的なお願いをしている」のが正しい心構えです。では著名人に協力をお願いする場合、どのようにアプローチすれば、高い確率でうまくいくのでしょうか？

■著名人と仕事をするために必要な条件

著名人に協力をお願いする場合、高確率でうまくいく方法は、アプローチの中に『**相手にメリットのある提案**』が含まれていることです。心構えを間違えると失敗します。間違った心構えとは「有名人の影響力をぶんどって、商品をどんどん売ってじゃんじゃん儲ける」というものです。この心構えには『相手にメリットのある提案』が含まれていません。お金を増やそうとする「自分勝手な気持ち」だけが先行し、相手に対する配慮や気使いが見当たりません。このような心構えを持ってアプローチしても、腹黒い気持ちは見透かされてしまいます。

著名人は、業界トップまで登りつめた**海千山千**の人間です。少なくとも初回のアプローチは、こちらの採算を度外視して行う必要があります。相手にメリットある提案の『メリット』とは、「**相手にとって都合よく動く**」ことです。著名人のために、経営資源を投げ出すことが大事です。経営資源とは「ヒト・モノ・カネ」ですが、例えば、

・ヒト＝あなたが営業マンとなって、著名人の商品を１００個売って歩く

・モノ＝著名人が欲しいと思っている、それほど高価でないものをプレゼントする
・カネ＝著名人が上場会社を経営している場合、その会社の株式を購入する

などです。著名人もお客様も、基本的な考え方は同じです。こちらの一方的なお願いを受け入れてくれるには、信頼関係が必要になります。一方的なお願いとは、

・お客様であれば「商品を買ってください」
・著名人であれば「自社の商品について、推薦文を書いてください」

などですが、信頼関係ができあがるのは**満足度が向上した時**です。満足度は、想定以上のサービスを受けた時に向上します。例えば今回に置き換えますと、著名人はあなたを知りませんので、あなたから何かサービスを受けることは想定していません。あなたに対する期待値はゼロです。その状況で「記念ノベルティを100個売ってきました」「先日のブログで書かれていた、○○屋の饅頭をお持ちしました」と、何らかのサービスを提供すれば、著名人の満足度は高まります。問題は「あなたに協力したい」と思わせるほど、著名人の満足度を高めることができるかです。著名人は、あなた以外からも毎日のように『メリットのある提案』を受けており、あなたはその中のひとりです。そのため、大勢から選ばれる提案をする必要があります。あなたが選ばれる存在になるには、もう1段階工夫しなければなりません。著名人に提供する経営資源は、そのものでなくて構いません。「ヒト・モノ・カネ」以外にも方法があります。

そのひとつが、**発想やアイデア**です。第5章でお話したように、私は自分の脳みそで作り上げた発想やアイデアも経営資源だと思っています。発想やアイデアには、時間と情報が必要です。情報を吸収するには、本を読み、セミナーに参加する時間とお金が必要です。「タイムイズマネー」ではありませんが、時間はお金に換算できるのでアイデアはお金の副産物です。

私の経験上、**著名人は画期的なアイデアが好き**です。アイデアの提供で、好感触を得ることは可能です。アイデアは、同じ本を読んでセミナーに参加しても「ひらめく人」「ひらめかない人」がいます。アイデアは、その人だから着想できる、唯一のものです。そのような貴重なものを提供するわけですから、相手が喜ばないわけがありません。ただ、「アイデアなら何でも良い」わけではありません。相手に関係ないアイデアを提供しても、相手はその価値がわかりません。提供するアイデアは、相手の悩みや問題を解決できるものに限定されます。相手とのやり取りで「どのアイデアにするか」を**その場で決めていきます**。そのため、面談で相手の悩みを聞き出し、自分の持つ経験や情報に照らして解決できるアイデアを教えるのです。

■「著名人の力を借りる方法」成功例と失敗例

では、私の例ですが「どのような『メリットのある提案』によって著名人の協力を取りつけたか」お話しします。私が属する業界は「離婚」です。本書執筆時点で独立開業から2年8ヶ月ですから、業界内の地位はずっと下だといえます。私の名前を出しても商品が売れることはありませんし、逆に「誰？」と敬遠されます。これは、私に知名度、認知度が欠如しているからです。離婚業界は、弁護士・司法書士・探偵・心理カウンセラー・セラピストと競合他社がひしめいており、実績を1つひとつ積み上げていく方法では、白旗をあげることになります。

この知名度のなさを補うために、著名人の力を借りるのが一番の近道です。離婚業界にも著名人がいます。株式会社カラットクラブの代表取締役、岡野あつこさんです。（カラットクラブ公式ホームページ　http://www.caratclub.co.jp/）

岡野さんは、離婚カウンセラーとしての業歴は日本で一番長く、離婚業界では老舗です。業界で彼女の名前を知らない人はいませんし、日曜9時から民放TV局に出演できる人は、業界で他にいません。2007年2月、私は恐れ多くも岡野さんに突然連絡をとりました。直接会ったことがないのはもちろん、話したことも名刺交換もしていないにも関わらず、です。私は3月に『シングルマザーの認知、養育費、慰謝料』を出版予定でしたので、この本の帯に推薦文を書いてくれるようお願いしました。といっても、直接相手先に出向いて頭を下げるのではなく、「本のゲラと手紙を郵送で送る」ゲリラ的なものでした。**この方法は『メリットのある提案』ではありません**。なぜなら岡野さんにとって、面識のない私に推薦文を書いてあげる「義理」はないからです。また、私は当時知りませんでしたが、出版業界には「帯は出版社からお願いするもの」という「常識」があるようです。著者が直接帯のお願いをすること自体、大きな問題がありました。私は「怖いもの知らず状態」で踏み込んでしまったのです。

郵送してから2週間ほどして、岡野さんのマネージャーから私の事務所に「お話があるので、代々木の事務所に1度いらしてください」と電話がありました。

「しくじった！　どうしよう‼」私は真っ青になりました。「事務所に呼びつけられて、こっぴどく怒られるのだろう。ぎゅうぎゅうに絞られた上、業界から追放されてしまうに違いない」

まだ肌寒い陽気だというのに、私は両手に脂汗をかきながら代々木の事務所に出向きました。

「とりあえず謝って、許してくれなかったら仕方がない」

ここまで来ると、開き直るしかありません。しかし、事務所に入ってみると、私の想像とは正反対の光景でした。お叱りというよりむしろ歓迎という雰囲気だったのです。こちらが謝罪に来ているにも関わらず、食事をご馳走になってしまいました。

ただ、このまま帰るわけにもいきません。私は去り際に勇気を持って切り出しました。

「先日の推薦文の件は、大変失礼しました」

すると岡野さんは「ああ、そのことね。終わったことだから気にしないでくださいね」とあっけらかんと答えました。彼女の中では、もうどうでも良いことになっていたようです。

おそらくこの一件は、岡野さんが特別ポディティブな方ですので、許容されたに違いありません。また多忙な方ですので、若造のことをいちいち気に留めないということでしょう。たまたま相手が良かったですが、他の人でしたら怒られていたでしょう。自分の都合で著名人にアプローチするとどうなるか、おわかり頂けたと思います。なおこの時点では、**お互い面識があるだけ**です。もし彼女に仕事をお願いするのでしたら、あらかじめ信頼関係を築く必要がありますが、そのために相手方の満足度を高めるサービス、すなわち『メリットのある提案』を用意する必要があります。『メリットのある提案』は通常、経営資源（ヒト・モノ・カネ）の提供ですが、私は岡野さんが驚くほどのお金も持っていませんし、貸し出せる従業員もいません。高級な事務用品も持っていません。「経営資源そのもの」で相手を満足させることはできません。では、私は何を提供したのでしょうか？

2007年8月、岡野さんから私の事務所に電話がありました。

「ゴールデンタイムにテレビに出るんだけど……」

この電話を受けて、私は自分の持っている経験と情報を掛け合わせ、ひとつのアイデアを提供しました。そのアイデアは、次のとおりです。

「テレビの露出に合わせて書店向けにＦＡＸを流せば、高い確率で注文がとれる」

第３章でお話しした**書店向けＦＡＸＤＭ**です。私自身、前述のように２００６年５月に実践し、一定の成果を収めていました。「テレビに出る」「本を出している」この２つの前提条件が揃えば、クロスメディア戦略は実行に移せます。今回は、他人のためにこの戦略を使っただけの話です。この方法を岡野さんに提案して、実行してみることになりました。テレビ放送日の翌日、全国の書店に一斉にＦＡＸが送信され、その結果、私の場合とはヒト桁違う数の注文が集まったのです。出版社は在庫が足りずに増刷になり、岡野さんは増刷分の印税を受け取ることができました。印税は、金額にするとそれほどではなかったようですが、著書が広く書店に並ぶことが嬉しかったようです。この例でいう『メリットのある提案』は、「テレビの露出に合わせて、書店向けにＦＡＸを流して注文をとる」というアイデアを**無償で提供する**ことです。単純に経営資源を提供すれば、すり減りますが、アイデアを出すのに必要なのは、私の脳みそだけです。自分の持っている経験や情報は、他人に提供しても減ることはありません。また、この貢献活動は相手方との信頼関係を築くためですので、今すぐ利益に直結する必要はありません。利益が発生するのは、著名人の力を借りてキャンペーンを実施した時点です。

あなたは著名人のために、どのような貢献ができるでしょうか？

まずはそこから知恵を捻《ひね》り出すのが良いでしょう。「レバレッジ」シリーズで有名な本田直之さんは、著書の中で次のようにおっしゃっています「人に会うときは、まず『この人に対して自分はどんな貢献ができるか』を考える」（『レバレッジ人脈術』ダイヤモンド社刊）。「成功」という花を見ることができるのは種を蒔いて木々が成長し、花を咲かせた時です。つまり、もう少し先の話ですから、将来花を咲かせるためにあらかじめ種をまいておくことです。

■岡野あつこさんとの共同出版記念キャンペーンの裏側

さて、ここまでは著名人の力を借りる前提条件として、著名人と信頼関係を築く話をしてきました。次に、信頼関係を築いた著名人に仕事の依頼ができる態勢になり、何をするかです。

私の場合、岡野さんの力を借りて行ったのは「出版記念キャンペーン」です。2007年10月に岡野さんは『これだけは知っておく離婚の手続きと進め方』（日本文芸社）を出版し、私は12月に『5800人の相談者が驚愕した男のための最強離婚術』（メタモル出版）を出版しました。そこで、この2つの本の販促活動を一緒に行うことにしたのです。

具体的には「2人の著書を購入した方に、プレゼントを差し上げます」ですが、プレゼントは私と岡野さんとの対談を収めたCDです。私の独演会を収録したCDに価値はありませんが、岡野さんとの対談形式で「著名人とのコラボレーション」になり、商品価値が発生します。私のお願いは、ＣＤの収録作業とキャンペーン告知の許諾（名前を使わせてもらうこと）です。キャンペーン対象は私の見込み客、第５章の方法でホームページから集めたメルマガ購読者です。２００７年12月時点で約６２００人でした。この方法は、クロスメディア戦略です。

ところで、著名人との親交以外にも事前に用意しておくものが2点あります。

1．出版企画書を作成して出版社からＯＫをもらい、原稿執筆後に発売できる状況になっていること

2．ホームページから見込み客を集め、メルマガで購読者と人間関係を作ること

「仕掛け」の時期は、それぞれの目安として、

- **出版**＝事前準備に一番時間がかかりますが、**『6ヶ月』**
- **著名人との親交**＝相手方によりますが、少なくとも**『1〜3ヶ月』**
- **見込み客集め**＝上記の2つに沿って進めますので、**『6ヶ月前』**から開始

は、それぞれかかります。流れとして、**出版→著名人との親交→見込み客集め**（出版に並行）となります。２００７年12月、「2人の著書を購入した方に、プレゼントを差し上げます」とメルマガを見込み客に発信したところ、大きな成果をあげました。著名人に商品を推薦してもらう効果は、ないものと比較するとわかりやすいです。私は２００７年４月に出版した

時も、ほぼ同じキャンペーンを行いました。プレゼントは、私が過去に開催したセミナーを収録したＤＶＤです。12月と異なるのは、私ひとりか隣に著名人がいるかですが、結果（キャンペーン申込数）を比べると12月は４月に比べ４倍の差が出ました。これらの結果から大まかですが、岡野さんは私の４倍以上の知名度があるということです（アプローチ先が私の見込み客と考えますと、実際はそれ以上の開きがあります）。これが**「名前買い」効果**です。

このように著名人とタッグを組むことで、独立当初で知名度が足りない時期でも、まるで自分が著名人であるかのように振舞うことができます。ただ、注意したいのは**「著名人の力を借りる方法」がクロスメディア戦略のすべてではない**ことです。あなたが第５章でお話した**訪問者→見込み客→お客様**と流れるスキームを作っていなければ、著名人に力を借りてもキャンペーンを仕掛けることはできません。知名度の補完は全体的な戦略でみればあくまで一部です。それ以外の部分（第２～５章）に手を抜いては、成果は出ないのです。

知名度を向上させるテクニックがあるは、本章を読んで理解されたと思いますが、あくまで補足的ですので**まずは他の４つのツールを作り込むこと**です。なお、出版記念キャンペーンは、見込み客に「本当に本が欲しい人」がどれくらいかわからないまま、プレゼントを餌に購入のお願いを**「こちら側の都合」**で行うものです。見込み客へのアプローチ法としてあまり優れていませんので、このキャンペーンで結果を出すにはプラスアルファが必要です。

第7章

クロスメディア戦略の将来

■クロスメディア戦略の未来予想図と、変わらない2つの原理原則

さて、最後にクロスメディア戦略が、将来どのようになっていくのかというお話をします。

ここでは、未来予想図的なことをお話しますが、基本的には以下の2つを原理原則として考えて頂ければ、戦略の進め方に迷うことはありません。

万一、息詰まってしまった時は、この原理原則に立ち返ってください。

クロスメディア戦略を取り込むにあたり大事な思考とは、

1. 媒体や情報を掛け合わせることで、新しい価値を作り出し、提供すること
2. 雑多な情報の中から、正しい情報を届けることが相手に付加価値になる

の2つです。

まず「媒体や情報を掛け合わせることで、新しい価値を作り出し、提供すること」とは、新しい価値を作り出すために**自分が何をできるのか、考えてみること**です。

つまり、バラバラに点在している媒体や情報を自分の頭の中に入れ、脳みそをかき混ぜてアイデアや発想を生み出すこと、この作業を**意識して**行うことです。

日経流通新聞（日経MJ）２００８年3月7日には、次のような記事があります。

「同社（キユーピー社）が積極的に展開している店頭販促策は、自社商品と食材などを組み合わせた『クロスマーチャンダイジング（MD）』という手法だ。（中略）メニュー写真を掲載した店頭販促物（POP）と材料や作り方を紹介するリーフレットを鮮魚、野菜、加工品などの売り場に配置した。（中略）キユーピーの２００７年11月期のドレッシングの売り上げは前期比６％増」

マーチャンダイジングとは「**商品化計画**」のことですが、クロスマーチャンダイジングもクロスメディアもその根本は同じです。

それが「媒体や情報を掛け合わせることで、新しい価値を作り出し、提供すること」です。

ところで、先の例について従来の常識と比較してみると、次のようになります。

顧客の主婦層に対して、新しいメニューのレパートリーを提供するのは、旧来の考え方ではメディアに出ている料理研究家やスーパーの営業担当者だと考えられていました。

そのため、ドレッシングメーカーが料理のレパートリーを提案することはなかったはずです。キユーピー社が主婦層に提供した新しい価値とは「ドレッシングを使った斬新なメニュー」を自ら提案した点です。彼女たちはその情報提供に感謝し、キユーピー社のドレッシングを購入した結果、自社の利益は上昇しました。

また同社は、このキャンペーンに複数の媒体を巻き込み、同時多発的に効果を発生させました。今までの販促活動では、料理研究家や営業担当者が料理の方法を教えるだけでしたが「テレビＣＭ」と「スーパー店頭のＰＯＰ」という媒体を使い、販促活動を仕掛けたのです。

テレビＣＭは広告代理店・製作会社・テレビ局の担当者が絡んできますし、店頭ＰＯＰにはスーパーの仕入れ担当者や食品卸の担当者が絡んできます。

キャンペーンの実施には、そのような利害関係者を説き伏せ協力してもらう必要がありますが、多くの人間が取り組むことで同時に、複数媒体で効果が発生し、クロスマーチャンダイジングやクロスメディアが成功したということです。

これから近い将来、このような広報戦略に留まらず、媒体や情報をクロスさせる発想やアイデアに大きな価値が付与されることになります。

というのも、現在揃っている媒体（プレスリリース・出版・セミナー・ホームページ）を単体で使っていくことには限界が来てしまい、「じゃぁ、どうするのか」という問題に直面するからです。広報に限らず販促でも組織作りでも、以前からある仕事の仕組みには同じことがいえます。

今後、ビジネスパーソンに必須のスキルは、**媒体や情報をクロスさせ、新しい価値を**

作り出すこと。そのために必要なのは、**知識の蓄積**と**発想の転換**です。

「知識の蓄積」とは、自分が取り掛かる仕事について必要な**情報**のことです。メディア戦略でいえば本書がそれに該当しますし、本書の中で参考文献を随時紹介していますので、それらを読破することです。情報を頭の中に入れて脳みそをパンパンにし、知識として蓄積していきます。

「発想の転換」とは、脳みそをパンパンにして「さぁ、アイデアよ、出て来い」と**脳みそに働きかける**ことです。人間の脳構造は、最大限リラックスした状態になると自然に「現状を改善するためのアイデア」が出てくるようになっています。

ちなみに私の場合、「最大限リラックスした状態」というのはスーパー銭湯でボケ〜っとしている状況です。特にぬるめの露天風呂に入り、空を見ているのは最高です。

この状態になると、脳みそに蓄積された知識が化学反応を起こし、アイデアがポンポンと10や20はすぐに出てきますので、暗記するのが大変なくらいです。

２１１ページの「キーワード探しのイメージトレーニング」、２８５ページの「ラジオとメルマガを使ったクロスメディア戦略」、本書の出版企画書はこの方法で着想したものです。

後日知ったことですが、このような脳科学を使ったアイデアの出し方を専門的には「**ジーニアスコード**」と言うようです。

私は全くの自己流ですので、ジーニアスコードと呼べるかどうかは分かりませんが、興味のある方はパソコンで「ジーニアスコード」と検索してみてください。

著名な方がこの方法を使っていることに驚かれると思います。

「最大限リラックスした状態」というのは、人それぞれです。

どんなときにストレスから解き放たれるのでしょうか?

少し時間をとって考えてみてください。

■本当の専門家が求められる時代になる

さてここでは、クロスメディア的思考の根本の2つ目、「雑多な情報の中から、正しい情報を届けることが相手にとって付加価値になる」についてです。

新しい価値は、まったく新しいものを作り出すことだけではありません。

雑多な情報の中から、問題当事者に正しい情報を届けることも、当事者にとっては価値のあることです。なぜなら、これから「**何が正しいのか分からない時代**」に突入するからです。

「フェルミ推定」で有名な細谷功氏が、著書の中で次のようにおっしゃっています。

「これから本当に重要になってくるのはインターネットやPCでは代替が不可能なエリア、膨大な情報を選別して付加価値をつけていくという、本当の意味での創造的な『考える力』である」（『地頭力を鍛える 問題解決に活かす「フェルミ推定」』東洋経済新報社刊）

つまり、これからのメディア戦略は現在よりさらに**「クロスメディア的思考」が主流になる**ことを意味しています。

なぜなら、「情報を提供する側」も「情報を受け取る側」も膨大で雑多な**情報の海**に身を沈めることになるからです。情報の海の中から、自分の欲するものを選び出す作業には、クロスメディアの思考が有効です。

これまで私たちは、旧来の媒体（テレビ・ラジオ・新聞・雑誌・書籍）により守られてきました。これらの媒体は、担当者が得た情報をそのまま読者や視聴者に流すことはありません。一度、担当者というフィルタを通して吟味された情報だけが、私たちの元に届けられます。つまり、新聞社なり出版社が**「お墨つきを与えた情報」**です。

このように「情報を提供する側」から「情報を受け取る側」に流れるまでの間に、必ず第三者が介在しています。

しかし、インターネットの登場で近年、旧来の媒体は広告価値を失い影響力を弱めています。テレビやラジオは、地方局の自社製作番組が限られるほどになっていますし、新聞は文字数を大きくして情報量を減らしています。また、雑誌は廃刊が相次ぎ、書籍の発行は「売れ筋」に偏っています。

メディアは、広告や印刷物の販売によって収益を得ていますが、広告や印刷物の販売が落ち込めば、取材や収録などの作業に投入できる経営資源が減少していきます。

そのため、旧来の媒体で大きな意味を持つ、「フィルタ作業」にかけられる労力がどんどん少なくなっています。

旧来の媒体が衰退していけば、私たちはそれ以外の媒体で情報を得なければなりません。

私は科学者ではありませんので、近い将来、「あっと言わせる」凄いツールが発明されるかどうかはわかりません。

ただ、現状で情報を得る手段として大きな役割を果たしているのが、インターネットです。何か問題や悩みを抱えている時に、その解決策をインターネットという情報渦の中から探し出すことになります。

しかし、第6章でお話したように、インターネットの情報にはフィルタがかかっていません。誰でも自由に情報を発信することができるため、発信の段階で第三者が介入することはありません。

そのため、公開されている情報が「絶対に正しい」というお墨つきはありませんので、その情報の真偽を自分で確かめなければなりません。

例えば「サルでもうまくいく確定申告講座」というサイトがあり、仮にあなたがそのサイトの情報を鵜呑みにして確定申告書を税務署に提出したところ、サイトの内容に大きな誤りがあり、税務署から修正申告を求められて2倍の税金を支払う羽目になったとします。

あなたが「なんだ、ふざけるな」と思っても、そのサイトの作成者に八つ当たりすることはできません。なぜなら、**サイト情報の利用責任は利用した本人が持つもの**だからです。

つまり、これからはインターネットの世界に膨大にある情報の中から、どの情報が正しくて、どの情報が間違っているのか、**自分で判断**しなければなりません。

情報を受け取る側としては、ひとつの情報に対して今まで以上にナイーブになります。

「新聞に載っているから大丈夫だろう」

「テレビで紹介されているから平気だ」

そのような信用のおけるメディアが姿を消し、自分で自分の身を守らなければならない環境になります。

私たちはいっそう疑心暗鬼になり、大きなストレスに苛《さいな》まれるでしょう。

そのような環境になってしまうことが近い将来予想されるため、今まで以上に本当に正しい情報、有益な知識というものに大きな価値が付与されます。

その結果、「正しい情報」「有益な知識」を持っている**専門家が求められます。**

情報を提供する側としては、信憑性の疑わしい雑多な情報で、**混乱している人たちを救い出してあげることがひとつの使命になります。**

- **正しい情報、有益な知識を、メディアを通じて発信する**
- **本を出版して、問題当事者に読んでもらう**
- **セミナーを開いて、参加者に肉声で伝える**
- **ホームページを開いて、訪問者に対し情報を公開する**

これらの具体的な方法を解説したのが本書です。

一通り目を通せば、使命を実行することは可能になります。

さらに、4つのツールをクロスさせることで相乗効果を発揮し、**利益の最大化を実現します**（ただし、有効なツールは将来変わる可能性があるため、必ずこの4つと決めつけないことです）。

おわりに

さて、あなたはここまで一気に読み進められたでしょうか?
それとも、どこかのページで途中下車をされたでしょうか?
または書店でたまたま立ち読みし、一番初めに開いたのがこのページだったでしょうか?

ここまで一気に読み進めた方は、クロスメディア戦略が何なのかを知った上で、4つのツールを使い、行動を起こすことができます。戦略の全体を見た上で逆算して細部を詰めることができるので、この読み方が一番効果的です。

また、どこかのページで途中下車をした方は、プレスリリースで結果を出し、出版で結果を出し、そして最後にクロスメディア戦略の仕掛け方を知ることになります。本来はクロスメディア戦略の大枠を知ってから、それぞれのツールに取り掛かった方が良いのですが、人間の心理はそんなに単純ではありません。プレスリリースのことを知れば今すぐにでもメディアにアプローチしたくなるでしょうし、出版の仕組みを知れば、明日にでも企画書を書きたくなります。感情にまかせて手足を動かすのが悪いことではありません。多少、非効率であっても「自分のやりたいこと」を熱が冷めないうちに取り掛かるのも良いでしょう。今までお話したようにあなたに熱意がなければお客様や利害関係者、そして自社の従業員の満足度を高めることができないからです。

そして最後に、このページを一番初めに開いた方です。

私はここ数年で「本の読み方」を伝授する本が流行っていることを知っています。

そのような本には、良書の選び方として、一番最初に最後のページを開くというテクニックが書かれています。

最後のページには、著者が一番言いたいことが書かれていることが多いからです。

「このページを一番初めに開いた人」が、そのような意図を持っていることを承知しています。

その上で私が本書を通じ、一番言いたいことを最後に書かせて頂きます。

あなたが本気でクロスメディア戦略に取り組み、その目的である利益の最大化に成功したとします。

利益の最大化とは、多くの人に正しい情報、有益な知識に届けられた結果です。

利益は「困っている人を救い出すこと」によってあなたに還元されるものですから、利益の最大化を達成できれば、それは正直に喜んで頂いて構いません。

あなたがクロスメディア戦略に取り組み、成果をあげ、ひとりでも多くの問題当事者を情報渦から救出すること、そしてその結果、本人が問題や悩みを解決し、大きなストレスや苛立ちから解放されることを私は心から望みます。

（以下、謝辞）

次の方のお力を借り、クロスメディア戦略を体系化し、世に出すことができました。この場でお礼申し上げます。

総合法令出版・編集部の白岩俊明様。いつも驚異的な速さでレスポンスをくださりストレスなく執筆を進めることができました。編集部の金子尚美様。御社にお願いしたのは、あなた様に喝を入れて頂いたからです。営業部の酒井巧様。出版マーケティングについて新しい気付を頂きました。

今まで取材や原稿の依頼をしてくれたメディア、出版社の担当者の方々。本書は私が尻を叩かれながら、結果を出してきた履歴で、あなた様が私に声をかけてくれたことでクロスメディア戦略立案の第一歩が始まりました。

行政書士事務所とクロスメディアコンサルティングのお客様6600人。あなた様が数ある競合他社のなかから私を指名して頂いたからこそ、私は実績を積み、クロスメディア戦略立案をすることができました。

本書を執筆したのは私ひとりです。しかし私が出版企画書を完成させるにあたり、多くの人の後押しがありました。

本書を手に取りましたら、是非そのあたりをご理解頂き、あなたが早速明日からクロスメディア戦略に取り掛かることを期待します。

2008年3月

露木幸彦

参考書籍

<プレスリリース>

◆『無料で1億人に知らせる門外不出のPR広報術101』（井上 岳久著　明日香出版社）
◆『小さな会社マスコミデビューの法則―元新聞記者が明かす』（岡田 光司著　竹林館）
◆『必ず売れる！ゲリラ・マーケティング in30days』
（ジェイ・C・レビンソン／アル・ローテンスレーガー著　フォレスト出版）

<出版>

◆『効率が10倍アップする新・知的生産術―自分をグーグル化する方法』
（勝間 和代著　ダイヤモンド社）
◆『ブライアン・トレーシー流危機脱出法 ピンチを成功に変える21の仕事術』
（ブライアン・トレーシー著　徳間書店）
◆『パーソナルブランディング 最強のビジネスツール「自分ブランド」を作り出す』
（ピーター・モントヤ著　東洋経済新報社）
◆『なぜ、ティーダは世界で一番売れている日産車になりえたのか？』
（新発想マーケティング研究会著　幻冬舎）

<セミナー>

◆『ゲリラ流 最強の仕事術〜「収入」と「時間」が増える技術と習慣〜』
（ジェイ・C・レビンソン著　フォレスト出版）
◆『成功者の告白 5年間の起業ノウハウを3時間で学べる物語』（神田 昌典著　講談社）
◆『儲かる会社にすぐ変わる！社長の時間の使い方』（吉澤 大著　日本実業出版社）

<ホームページ>

◆『あなたの仕事が劇的に変わるメール術』（平野 友朗著　ビジネス社）
◆『究極のセールスレター シンプルだけど、一生役に立つ！お客様の心をわしづかみにするためのバイブル』
（ダン・ケネディ著　東洋経済新報社）
◆『小さな会社の逆転戦略 最強ブログ営業術』（横須賀 てるひさ著　技術評論社）
◆『インターネットを使って自宅で1億円稼いだ！ 超・マーケティング』
（金森 重樹著　ダイヤモンド社）
◆『ヤフー！・グーグル SEO対策テクニック』（鈴木 将司著　翔泳社）
◆『消えるサイト、生き残るサイト「SEO11の戦術」で、絶対に生き残れ！』
（宇都 雅史著　PHP研究所）
◆『1億稼ぐ「検索キーワード」の見つけ方・儲けのネタが今すぐ見つかるネットマーケティング手法』
（滝井 秀典著　PHP研究所）

<クロスメディア戦略>

◆『月100万円のキャッシュが残る「10の利益モデル」』（丸山学著　同文舘出版）
◆『レバレッジ人脈術』（本田 直之著　ダイヤモンド社）
◆『究極のマーケティングプラン シンプルだけど、一生役に立つ！お客様をトリコにするためのバイブル』
（ダン・ケネディ著　東洋経済新報社）
◆『決断力』（羽生 善治著　角川書店）
◆『クチコミの技術 広告に頼らない共感型マーケティング』
（コグレ マサト／いしたに まさき著　日経BP社）
◆『60分間・企業ダントツ化プロジェクト 顧客感情をベースにした戦略構築法』
（神田 昌典著　ダイヤモンド社）

【著者略歴】

露木　幸彦（つゆき・ゆきひこ）

1980年生。國學院大學出身。行政書士・ファイナンシャルプランナー。クロスメディアコンサルティング代表。

金融機関の融資担当時代は住宅ローンのトップセールス。離婚に特化し行政書士事務所を開業。

メディア、出版、セミナー、ＩＴを活用し、開業から３年間で有料相談件数3,200件、離婚協議書作成350件を達成した。

サイト「離婚サポートnet」は１日訪問者2,600人。

会員数は7,300人と離婚関連では日本最大。ドコモ公式サイトの法律監修を担当。

自らの体験をもとに「中小企業のクロスメディア戦略」を提唱し、普及に努めている。

［著書］
『シングルマザーのための認知・養育費・慰謝料』（九天社）
『5,800人の相談者が驚愕した　男のための最強離婚術』
（メタモル出版）

御社の売上が6倍になる！
「新」プロデュース術

2008年8月5日　初版発行

著　者　露木幸彦
発行者　仁部　亨
発行所　総合法令出版株式会社
〒107-0052　東京都港区赤坂1-9-15　日本自転車会館2号館7階
電話　03-3584-9821㈹
振替　00140-0-69059
印刷・製本　中央精版印刷株式会社

ISBN978-4-86280-083-1